Josef Fischer

AUF DEM JAKOBSWEG

durch Sachsen,

Sachsen-Anhalt und Thüringen

PRO LEIPZIG 2021

INHALT

VORWORT ZUR ERSTEN AUFLAGE

Die jetzige Leipziger Propsteikirche steht an der Via Regia, einem der beiden Jakobswege, die durch Leipzig führen. Zu ihr führt auf direktem Weg die Jacobstraße. 2000 wurde durch das damalige Gemeindemitglied Christoph Kühn, der ebenfalls der Deutschen Jakobsgesellschaft angehört, initiiert, unter dem Straßenschild „Jacobstraße" ein Zusatzschild anzubringen. Darauf steht: „benannt nach dem ehemaligen Jacobshospital, Jacobus d. Ä. (†44), Apostel, Namenspatron der mittelalterlichen Vorstadtpfarrei St. Jacob und des Jacobshospitals".

Bei seiner feierlichen Enthüllung wurde in Grußworten – der Autor des Buches war einer der Redner – mehrmals betont, dass in der Jakobusverehrung und im Pilgerweg zum Grab dieses Apostels nach Santiago de Compostela ein bedeutender geistig-kultureller Ursprung für ein vereintes Europa liege. 2003 wurde der ökumenische Jakobsweg durch Sachsen, Sachsen-Anhalt und Thüringen eröffnet. Er führt von Görlitz entlang der früheren Handelsstraße Via Regia über Leipzig, Erfurt nach Vacha.

Ein Jahr später, im Frühjahr 2004, ist in Leipzig die Idee des ökumenischen Samstagpilgerns entstanden. Seit dieser Zeit geht eine Gruppe, die alle Interessierte am Wallfahren herzlich aufnimmt, einmal monatlich auf dem Jakobsweg; das ist für alle Teilnehmenden ein großartiges geistliches Erleben. Im Herbst 2013 durfte ich die Mitglieder der mitteldeutschen Sektion in der Deutschen St. Jakobsgesellschaft zu ihrer Jahrestagung in der Propsteipfarrei begrüßen und ihnen Segenswünsche für ihr Tun übermitteln. Mein Tischnachbar war mein langjähriger Bekannter Dr. Josef Fischer, der Autor des vorliegenden Buches.

Wenn die Stadt Leipzig 2015 ihre 1000-Jahrfeier begeht, wird die Propsteikirche am neuen Standort, dem südlichen Teil des Innenstadtringes, stehen, dieses Mal am Jakobsweg Via Imperii, der von Stettin über Berlin und Leipzig nach Zwickau und Hof führt.

Mit dem Autor Dr. Josef Fischer hoffe ich, dass viele Pilger und Pilgerinnen sich auf die Jakobswege durch Mitteldeutschland begeben, tiefe spirituelle Eindrücke gewinnen können, zu sich selbst und zu ihrem Ziel finden und die Propsteikirche in Leipzig betreten sowie in ihr verweilen wollen. Im vorliegenden Buch werden Sie viele Anregungen für dieses Unterwegssein finden.

Lothar Vierhock, Propst der Propsteipfarrei „St. Trinitatis" Leipzig

TEIL 1

Straßenschild mit Erläuterung in Leipzig

ERSTE KONTAKTE

Mit der Wiedervereinigung Deutschlands 1990 erhielten die Ostdeutschen die Reisefreiheit nach Westen, auch nach Spanien. Immer mehr Bekannte berichteten vom Jakobsweg nach Santiago de Compostela, wo das Grab des Apostels Jakobus sein soll. Auch andere ließen sich inspirieren und initiierten einen Pilgerweg durch Sachsen, Sachsen-Anhalt und Thüringen entlang der mittelalterlichen Handelsstraße Via Regia. Es wurde ein passender Weg durch die drei Länder ausgesucht und mit gelb-blauen Jakobsmuschel-Symbolen markiert. Es wurden Anlaufstellen und Pilgerherbergen entlang des Weges eingerichtet. Nicht zuletzt wurde eine Broschüre zu dem Pilgerweg mit der Wegbeschreibung und vielen wichtigen anderen Informationen herausgegeben. Als ich diese Broschüre das erste Mal sah, bekam ich Lust, den Weg irgendwann einmal zu gehen.

Zuvor wurde ich über meine berufliche Tätigkeit mit dem Jakobsweg konfrontiert. Die Deutsche St. Jakobus-Gesellschaft hatte auf einer Tagung in Görlitz angeregt, an die Straßenschilder der Jacobstraße in Leipzig Zusatzschilder anbringen zu lassen, und dafür Geld gesammelt. Das Geld reichte für fünf Schilder, die in kurzer Form den Ursprung des Straßennamens erläutern und daran erinnern, dass in der Jakobusverehrung und dem Pilgerweg der geistig-kulturelle Ursprung eines vereinten Europa zum Ausdruck kommt. Bei der feierlichen Einweihung im Sommer 2000 durfte ich eine kurze Ansprache halten. Von der Innenstadt führt die Jacobstraße, deren Name indirekt auf den Apostel Jakobus den Älteren zurückgeht, zum Rosental.

Später war der 2003 eingeweihte Jakobsweg Via Regia im Rosental nordwestlich der Innenstadt nicht selten der Spazierweg unserer Familie. Hier machte ich eine erste Erfahrung damit, dass man den Weg im Grunde genommen nur in eine Richtung nach Südwesten, also Richtung Santiago de Compostela, gehen kann, wenn man bloß die Markierungen als Wegbeschreibung hat. Viele dieser Zeichen sieht man nicht, wenn man in die falsche Richtung läuft. Einige sucht man hinter Zweigen. Übersehen sollte man keines, sonst läuft man leicht in die Irre oder macht einen Umweg.

Der Jakobsweg führt in Leipzig nördlich der Oper am Schwanenteich und dann an der Nikolaikirche vorbei, deren Namenspatron Nikolaus bekanntlich auch Patron der Pilger und Reisenden ist. In der Kirche selbst kann man auch

Verschiedene Jakobsweg-Markierungen, manche mit Richtungspfeil

einen Pilgerstempel erhalten. Dieses kleine Stück in Leipzig lief oder fuhr ich fast täglich, da es jahrelang mein Arbeitsweg war.

TESTLAUF VON LEIPZIG NACH MERSEBURG

Von der Jacobstraße führt der Jakobsweg weiter nach Merseburg. Irgendwann entschloss ich mich, diesen Weg von Leipzig nach Merseburg zu laufen. An einem Sommertag fuhr ich zunächst mit dem Fahrrad in die Innenstadt, machte mich dann zu Fuß mit wenig Proviant, aber ohne Pilgerführer auf den Weg. So musste ich die Markierungen unbedingt genau beachten, um den richtigen Weg zu laufen. Vom Rosental nördlich der Jacobstraße führte der Weg durch den Auenwald, der angenehmen Schatten spendete. Dann ging es entlang der Luppe, dem Flutbett der Weißen Elster. An beiden Seiten des Flusses verlaufen Wege, der wesentlich besser ausgebaute auf der Nordseite. Der Jakobsweg war aber auf der Südseite ausgeschildert. Da die Sonne schon am Vormittag kräftig schien, spendeten die Bäume am Wegrand angenehmen Schatten. Das hatten die Väter und Mütter des Weges offenbar bedacht und diesen Weg ausgewählt anstelle des sonnenüberfluteten Weges auf der anderen Flussseite. Bei der Domholzschänke, einem beliebten Ausflugslokal der Leipziger, führte der Weg von der Luppe weg weiter nach Kleinliebenau. Der Weg ging hier vorbei an der ruinösen ehemaligen Rittergutskirche, die auf einen Prinzen wartete, der sie wach küsst und für ihre Wiederbelebung sorgt.

Westlich von Kleinliebenau gibt es eine ehemalige Kiesgrube als Badesee, der jedoch aufgrund der Sanierung der Braunkohletagebaue neu entstandenen anderen Seen zunehmend ein Schattendasein führt. Gleich dahinter ist die Autobahn München-Berlin und auch die Landesgrenze zu Sachsen-Anhalt. Ab hier betrete ich Neuland, weiter hatten mich meine Naherholungsausflüge nicht geführt. Immerhin sind es bis zur Landesgrenze vom Leipziger Zentrum 17 Kilometer.

Der erste kleine Ort in Sachsen-Anhalt ist Horburg, der von weitem mit seiner Kirche grüßt. Hier fiel mir auf, dass die Wegmarkierungen nicht mit Schablonen auf den Untergrund gemalt sind. Man hatte bedruckte Schilder angebracht, die besser zu erkennen waren. Noch dazu zwei Sorten; eine für Wanderer und eine für Radfahrer. Für Letztere hatte man offenbar besser befahrbare Wege und Straßen ausgesucht, die aber teilweise etwas länger waren. Hinter Horburg kam ich in einen Wald, wo als Attraktion eine mehrere hundert Jahre alte Königseiche ausgewiesen war. Die wollte ich mir ansehen, obgleich der Jakobsweg vorher links abbog. Mit einiger Mühe fand ich den durchaus sehenswerten Baum. Dann versuchte ich einen Weg Richtung Südwest zu gehen, um wieder auf den Jakobsweg zu kommen.

Da wurde mir bewusst, dass ich immer noch im Auenwald bin. Es wurde zunehmend sumpfiger und schließlich versperrte mir ein Flusslauf den Weg. Also zurück und auf einem richtigen Weg nach Süden wieder auf den Jakobsweg. So gelangte ich an einen Teich, der offenbar als Fischteich zu einem großen Gut gehört hatte, welches ich auf der anderen Teichseite sah. Mit etwas Mühe kam ich auf die andere Teichseite und stellte fest, dass das Gut

Straße in Horburg mit Blick auf die Dorfkirche

schon bessere Zeiten gesehen hatte. Es war ziemlich heruntergekommen. Kurz danach hatte ich die Straße und damit den Jakobsweg wieder erreicht und ging weiter nach Westen. Hier staunte ich nicht schlecht, als sich im kleinen Nachbarort Zweimen nördlich der Straße ein toll saniertes Schloss in einem bestens gepflegten Park befand. Dort wartete ein Hubschrauber, der dann bald in unbekannter Richtung abflog. Ich dachte mir, dass es offenbar reicher West-Investoren bedarf, um hier etwas zu bewegen. Nach Zweimen führte der Jakobsweg zunächst über zugewachsene Wiesenwege, wo man mehr ahnen musste, wo es lang geht. Der Weg war hier nicht nur als Jakobsweg ausgeschildert, sondern auch als Goseweg. Diesen Weg von Halle nach Leipzig hatten sich Freunde des obergärigen Bieres Gose ausgedacht, das nach 1990 eine gewisse Renaissance erfuhr. Der ehemalige Bayrische Bahnhof in Leipzig wurde beispielsweise zu einer großen Gose-Gaststätte ausgebaut, die guten Zuspruch hat.

Bei der mittlerweile beträchtlichen Hitze auf einem Weg ohne Schatten spendende Bäume hätte ich gern etwas getrunken, notfalls auch eine Gose,

Hinter der Saalebrücke führen Treppen zum Dom hinauf.

die es hier aber nicht zu kaufen gab. Da keine Läden am Wegesrand waren, konnte ich gar nichts kaufen, kein Obst, keinen Saft. Ich musste mich auf meine wenigen Mitbringsel beschränken. Nördlich des Weges gab es aber einen neuen Blickfang, einen See, der offensichtlich eine ehemalige Bergbaufläche war und zu einem Erholungsgebiet umgestaltet wurde. Der Wasserspiegel des Sees war sicher noch im Steigen, so dass sich ein Kanal nördlich des Jakobsweges langsam füllte und irgendwann die Wasserverbindung zu einem zweiten See bilden sollte, der sich weiter westlich anschloss. Das ist hier schon ganz hübsch, kann bald recht schön werden, dachte ich.

Ich dachte aber auch, dass es schön wäre, bald in Merseburg zu sein. In Luppenau erreichte der Jakobsweg wieder eine Straße, wo es auch Straßenschilder gab, die aber in Richtung Halle wiesen. Doch ging der Jakobsweg bald wieder von der Straße ab und führte durch Gärten und Wiesen nach Süden bis zur Bundesstraße Leipzig-Merseburg. Zum Glück gab es neben der Straße einen Radweg, auf dem man als Fußgänger gehen konnte und somit einigermaßen sicher war. Bis Merseburg waren es bei großer Hitze immer noch über zwei Kilometer.

Hinter dem Ortseingang grüßte zuerst die Neumarktkirche, eine romanische Kreuzbasilika. Dort war auch eine Pilgerherberge ausgewiesen. Wenige hundert Meter weiter, die sich bei meinen müden Beinen aber ganz schön streckten, erhoben sich nördlich der Straße auf einer Anhöhe über der Saale majestätisch der Dom und das Schloss. Da mir diese aber nicht fremd waren und ich die Hoffnung hatte, den nächsten Bus noch zu erreichen, eilte ich daran vorbei. Bis zum nächsten Bus hätte ich eine Stunde warten müssen.

Auf dem weiteren Weg grüßt an einer Mauer ein Standbild von Heinrich I. Der erste deutsche König hatte nach 919 hier am Ort eine Pfalz erbauen lassen. Sein Sohn Kaiser Otto I. ließ 968 das Bistum Merseburg errichten. Der dortige Bischof Thietmar erwähnte 1015 übrigens, dass in urbe lipzi ein Meißner Bischof verstarb, was gleichbedeutend mit der urkundlichen Ersterwähnung Leipzigs ist.

Als ich einige Minuten später am Bahnhofsvorplatz anlangte, fuhr der Bus, mit dem ich fahren wollte, gerade ab. Zum Glück kam er mir entgegen und musste an einer Ampel halten. So ließ mich der nette Fahrer doch noch einsteigen, und ich konnte meine nach 35 Kilometer Fußweg müden Beine ausruhen.

In Merseburg grüßen über der Saale Dom und Schloss.

Bei der Busfahrt hatte ich den Eindruck, in einer völlig anderen Gegend als am Vormittag zu sein. Es ist eben doch ein großer Unterschied, wenn man zu Fuß und allein auf mehr oder weniger einsamen Wegen läuft oder wenn man auf der Bundesstraße mit anderen Passagieren im Bus sitzend und quasi von oben herabschauend durch die Ortschaften fährt. Der Bus hielt nicht nur in den Dörfern, er hielt auch vor der Landesgrenze zu Sachsen in einem an der Autobahn nach 1990 aus der Wiese emporgewachsenen riesigen Einkaufsparadies, das immer größer und größer wurde. Das war trotz aller Proteste aus Leipzig und auch aus Halle genehmigt worden, ein nicht geringer Teil der Kaufkraft der Bewohner dieser Städte landete im Shopping-Tempel an der Autobahn.

Trotz der vielen Haltestellen war der Bus irgendwann am späten Nachmittag in Leipzig am Bahnhofsvorplatz. Dort wartete noch vom Morgen mein Fahrrad, mit dem ich die fünf Kilometer heimfahren konnte. Das Heimlaufen blieb mir erspart. Dennoch war ich arg geschafft. Ich hatte es aber auch geschafft, den Gang auf dem Jakobsweg von Leipzig nach Merseburg.

AUFBRUCH

Wie soll ich anfangen? Gehe ich zu Fuß, fahre ich mit der Straßenbahn oder nehme ich das Fahrrad? Das Wetter ist am Freitagmorgen nicht schön, doch es regnet auch nicht in Strömen. Da kann man eine Wandertour ruhig per Pedes oder auf Schusters Rappen beginnen. Die größte Wanderung beginnt bekanntlich immer mit dem ersten Schritt. Auch als ich mich Mitte August 2008 auf den Weg begebe, beginnt er nicht mit der ersten Radumdrehung.

Mit kleinem Rucksack und leichtem Gepäck gehe ich die reichlich fünf Kilometer in die Innenstadt, wo ich noch bis zum frühen Nachmittag arbeite. Ein 16- bis 18-Kilo-Rucksack ist nichts für mich und meine lädierten Lendenwirbel. Ballast abwerfen habe ich gelernt. Die Temperaturen sind auch nicht so, dass man mehrere Liter Trinkwasser mitschleppen muss. Einige Beduinen kommen wohl mit zwei Liter Wasser pro Tag aus. Die kann man nicht komplett trinken, da man beispielsweise auch etwas zum Waschen braucht. So sind das Schwerste bei meinem Gepäck die Schuhe. Ein gut eingelaufenes Paar habe ich an, ein Paar Turnschuhe ist im Rucksack eingesteckt und dazu ein Paar Badelatschen. Die können als Hausschuhe oder als Sandalen verwendet werden. Vielleicht ergibt sich irgendwo auch mal ein Saunabesuch, wo die Latschen vonnöten sind.

Meinen schweren Fotoapparat lasse ich zu Hause und kaufe eine leichte Einmal-Kamera, mit der man 20 Fotos machen kann und die man zum Entwickeln wieder abgibt. So hat man wenigstens ein paar bildhafte Erinnerungen und kommt nicht in Verlegenheit, alles und jedes im Bild festhalten zu wollen. Auch hier ist es nötig, sich auf das Wesentliche zu beschränken.

Zudem will ich ja nur die reichlich 200 Kilometer von Görlitz nach Leipzig laufen. Dafür habe ich eine reichliche Woche Zeit. Am übernächsten Montag wartet wieder die Arbeit auf mich. Wenn die Tour am Samstag in Görlitz beginnt und man am kommenden Samstag wieder in Leipzig ist, sind es acht Tage, an denen je 25 bis 30 Kilometer zu laufen sind. Das müsste zu schaffen sein, wenn man das Laufen einigermaßen geübt hat. Notfalls gibt es noch den Sonntag, den ich aber als Ruhetag gedacht habe.

Den neuen sächsischen Jakobsweg gibt es seit 2003. Er führt von der Grenzbrücke in Görlitz über Bautzen, Kamenz, Großenhain, Strehla und Wurzen nach Leipzig. Der Jakobsweg geht ab Leipzig in Sachsen-Anhalt weiter über Merseburg und Naumburg sowie in Thüringen über Erfurt, Gotha und Eisenach bis nach Vacha, also kurz vor Fulda. Dieser Jakobsweg orientiert sich an der nach Paris führenden ehemaligen Via Regia, der Königsstraße.

Deren Verlauf entsprach in Sachsen annähernd dem der heutigen Bundesstraße 6 von Görlitz nach Leipzig. Auf diesem Wege dürften lange Zeit auch Pilger zum Grab des Apostels Jakobus unterwegs gewesen sein, dessen Grab sich, so sagt man, im spanischen Santiago de Compostela befindet, dem Ziel des ursprünglichen Jakobsweges.

Das Teilstück von Leipzig nach Merseburg hatte ich schon einmal als erste Probeetappe absolviert. Das war an einem Tag samt Rückfahrt mit Bus zu schaffen. Das weitere Stück ab Merseburg bis Vacha habe ich mir zu laufen vorgenommen, wenn ich einmal Rentner bin.

An einem Freitagnachmittag gehe ich zum Bahnhof und fahre den zu laufenden Weg nahezu rückwärts. Für 25,30 Euro bringt mich die Bahn über Wurzen, Riesa, Ruhland, Bautzen nach Görlitz. Den Abstecher aus Sachsen in das brandenburgische Ruhland habe ich eigentlich nicht erwartet. Immerhin gehörte diese Kleinstadt bis 1815 und dann nochmals nach dem Zweiten Weltkrieg bis 1952, also bis zur Bildung der Bezirke in der DDR, zu Sachsen.

Die Zugfahrt von Leipzig nach Görlitz verläuft wenig spektakulär. Die Sicht aus dem Fenster ist sehr bescheiden, denn man sieht nicht viel, da es die gesamte Zeit regnet. Es regnet auch noch, als der Zug in Görlitz ankommt.

GÖRLITZ

In Görlitz, der östlichsten Stadt Deutschlands, regnet es. Ein feiner Nieselregen hüllt Görlitz in ein trübes Grau. Dennoch habe ich noch einige Stunden, die Stadt zu erkunden. So geht es zuerst zur Jakobuskirche, die gleich in der Nähe des Bahnhofs ist. Der Name passt zum Jakobsweg. Zudem ist die neogotische rote Backsteinkirche Kathedrale, also katholische Bischofskirche für das ehemals schlesische Gebiet westlich von Lausitzer Neiße und Oder. Da sollte es auch am späten Freitagnachmittag jemanden geben, bei dem ich die Broschüre „Der ökumenische Pilgerweg durch Sachsen, Sachsen-Anhalt und Thüringen" und einen Pilgerausweis erwerben kann. Doch finde ich im Umfeld der Kirche nur eine Dame, die gerade von der Religiösen

Blick von der Neißebrücke nach Westen auf St. Peter und Paul bei schönerem Wetter

Kinderwoche zurück ist. Sie kann mir nicht weiterhelfen, ermöglicht mir immerhin einen kurzen Blick in die Kirche.

Zumindest die Broschüre brauche ich, da in ihr die Wanderroute beschrieben ist und ich am frühen Samstagmorgen loslaufen will. Zum Glück ist die evangelische Hauptkirche St. Peter und Paul pilgerfreundlicher. Sie hat geöffnet, und ich kann meine Broschüre und den Pilgerausweis erwerben. In den lasse ich mir auch gleich den ersten Stempel eintragen. Dazu erhalte ich auch Tipps, wo ich preiswert übernachten kann. Man ist sehr zuvorkommend, nicht nur zu den Wanderern. Es bleibt immer noch Zeit, sich in der einst prächtigen Stadt, die sich wieder langsam hochrappelt, umzusehen. Vor dem Zweiten Weltkrieg war Görlitz eine blühende Stadt mit über 90 000 Einwohnern. Im Mittelalter und auch später entstanden prächtige Handelshäuser, die ab 1945 leider verfielen. Der Krieg hatte die Stadt weitgehend von Zerstörungen verschont.

Bei einem Abendspaziergang hinterlassen nicht nur die Altstadt mit dem Obermarkt, sondern auch andere Gebäude und die Flusslandschaft an der Neiße einen tiefen Eindruck. Dazu gehört auch der Park, in dem der 15. Meridian dargestellt ist. Görlitz ist somit nicht nur die östlichste Stadt Deutschlands, sondern auch die einzige, in der die Mitteleuropäische Zeit exakt gilt. Sie ist auch einer der wenigen Orte, wo man noch die schlesische Mundart vernehmen kann. Darüber freut man sich natürlich, wenn man nahe der Glatzer Neiße geboren wurde.

An diesem Regentag kamen in Leipzig und Görlitz rund 15 gelaufene Kilometer zusammen.

VON GÖRLITZ NACH BAUTZEN

Der Samstagmorgen ist trüb. Aber es regnet nicht, noch nicht. Da es in der Pension erst später Frühstück gegeben hätte, nehme ich kurz nach 7 Uhr in einer Bäckerei einen Imbiss zu mir und verstaue noch etwas Essen und Trinken. Dann geht es erst einmal durch die Stadt. Beim Krankenhaus erreicht man freies Gelände. Soweit ganz schön, doch fängt es auch zu regnen an. Also eine erste kurze Zwangspause. Ich hole aus dem Rucksack mein zusammengefaltetes faustgroßes Regencape, ziehe es über, nehme den Rucksack wieder auf die Schulter, und weiter geht es. Wie weit, ist mir durchaus noch nicht klar. Eine Herberge gibt es laut Pilgerführer nach 27 Kilometern in Arnsdorf, westlich der Königshainer Berge. Aber erst geht es nach Ebersbach. Schnell zeigt sich, dass ein gepflasterter oder asphaltierter Gehweg Vorteile hat. Da gibt es nicht so viele Pfützen, keinen Schlamm und auch kein nasses Gras. All das ist beim Wandern wenig erfreulich, gleich gar nicht für die Lederschuhe.

Von Ebersbach führt der Weg nördlich von Königshain durch Felder. Dann kommt man ins Naturschutzgebiet Königshainer Berge. Hier hat man für die Autobahn extra einen Tunnel gebaut, der mit 3300 Meter Länge nach dem Rennsteigtunnel der längste zweiröhrige Autobahntunnel Deutschlands sein soll. Die Königshainer Berge bieten aber noch einen Superlativ. Sie sind zwar nicht die höchsten Berge des Landes, sie sollen aber das kleinste Gebirge Deutschlands sein. Das höre ich zumindest mehrfach.

In den Königshainer Bergen geht es am Totenstein vorbei über den Hochstein. Hier erlaube ich mir, einen Granitfels zu erklimmen, der mich entfernt an die Felsen der Sächsischen Schweiz erinnert. So bin ich knapp 400 Meter über

Der verregnete Weg vor den bis 400 m hohen Königshainer Bergen

dem Meeresspiegel, der höchste Punkt an diesem Tag und überhaupt auf dem Weg bis Leipzig. Am Berg ist eine Gaststätte. Da es aber erst gegen 11 Uhr ist, verzichte ich auf ein warmes Mittagessen. Auch weil ich nicht beim Rasten rosten will. So geht es weiter in das nicht mehr weit entfernte Arnsdorf.

Übergroße Jakobsmuschel in Arnsdorf

An der Kirche grüßt eine große blaugelbe Jakobsmuschel. Nur kurz überlege ich, ob ich hier verweilen soll, da es doch so schön ist. Es ist aber erst Mittag, so gehe ich weiter nach Dobschütz, wo es ebenfalls eine Herberge geben soll. Der Nieselregen begleitet mich immer noch.

Menschen sehe ich fast keine, gleich gar nicht auf dem Jakobsweg. Nach Dobschütz laufe ich durch das Dorf Buchholz und werde dann durch die Ausschilderung des Jakobswegs über einen Wiesenweg gelenkt. Dann kommt eine Straße, an der man am Straßenrand durch nasses Gras laufen muss.

Inzwischen hat sich der Nieselregen in einen heftigen Guss gewandelt. Die Schuhe und Strümpfe sowie die Hose bis über die Knie sind nass, klitschnass. Weiter oben schützt mein Regencape. Doch die Freude am Wandern ist dahin. Jetzt heißt es, tapfer zu sein und sich als Pilger zu beweisen. Die Straße gabelt sich bald. Rechts geht der Jakobsweg noch einen reichlichen Kilometer nach Weißenberg mit seiner Pilgerherberge. Links führt die Staatsstraße zum 20 Kilometer entfernten Bautzen. Vielleicht war es eine Fehlentscheidung, doch ich gehe nicht nach Weißenberg und übernachte dort, sondern wähle die Straße nach Bautzen. Da ist kein nasses Gras am Straßenrand, und wenn ich Glück habe, lässt der Regen nach.

Den Gefallen tut er mir nicht, zeitweise verstärkte er sich noch. So dürfte ich Ähnlichkeit mit einer pitschnassen Vogelscheuche haben. Umso mehr bin ich erstaunt, dass unaufgefordert neben mir ein Autofahrer hält, der mir anbietet, mich mitzunehmen. Wenn es nicht der erste Tag gewesen wäre, hätte ich das Angebot wohl angenommen. So wollte ich nicht klein beigeben und beließ es bei einem Dankeschön. Einige Zeit später will mich ein anderer Autofahrer ebenfalls unaufgefordert mitnehmen. Auch ihm danke ich und gehe weiter, da Bautzen nicht mehr allzu weit ist.

Während des Laufens am Straßenrand schaue ich öfters nach unten und bemerke zunächst am linken Hosenbein meiner Jeans, dann auch am rechten seltsame Erscheinungen. Es bilden sich am Knie weiße Bläschen. Nur im Kniebereich und immer mehr. Ich streife sie ab, aber sie kommen wieder. So habe ich bei dem tristen Setzen des einen Beins vor das andere Bein eine Denkaufgabe: *Wie kommt das?* Nach einigem Überlegen vermute ich, in den Hosen war noch ein Rest Waschlauge. Durch das Reiben der Knie an den nassen Hosen bildete sich der Schaum. Das ist mir vorher und hinterher nie wieder passiert. Und das bleibt hoffentlich so.

Am Stadtrand von Bautzen gibt es Kaufhallen oder auch Supermärkte, wo einige Leute noch ihre Sonntagseinkäufe tätigen. Es ist ja erst kurz vor 17 Uhr. Da ich ernsthafte Ermüdungserscheinungen habe, freue ich mich, in der Stadt zu sein, wo ich bald entspannen kann. Doch bis zur Innenstadt sind es noch zwei Kilometer, die ganz schön lang sein können. Dann stehe ich am Tor der katholischen Dompfarrei, die als Pilgerherberge ausgewiesen ist. Das Tor ist zu, auf das Klingeln reagiert keiner. So habe ich mir Pilgerherbergen nicht vorgestellt!

Also schleiche ich mich müde des langen Wegs weiter zum Dom St. Petri, der wirklich ökumenisch ist und seit Jahrhunderten von katholischen und evangelischen Christen genutzt wird. Der Dom ist geöffnet. Ich bekomme hier neben dem Stempel in den Pilgerpass eine Einladung zu dem gleich beginnenden Konzert der evangelischen Gemeinde, wofür ich im Moment wirklich kein Interesse habe. Ich brauche dringend etwas zu essen und ein Quartier. Damit kann man mir im Dom nicht weiterhelfen.

Also suche ich eine bescheidene Gaststätte auf, wo ich meinen Hunger und Durst stillen kann. Ich nehme Platz, lege den Rucksack ab und ziehe Regencape

Liebfrauenkirche und Pension am Reichenturm in Bautzen – mein Nachtquartier

und die Jacke aus. Zum Glück ist, obgleich es August ist, bei dem nasskalten Wetter etwas geheizt. So will ich die Gelegenheit nutzen, wenigstens die nassen Schuhe und Strümpfe gegen trockene aus dem Rucksack auszutauschen. Weit gefehlt. Der Rucksack hat dem Dauerregen nicht standgehalten. Der komplette Inhalt ist feucht, der obere Teil nass. Den Pilgerführer lege ich zum Trocknen auf die Heizung, ohne den geht es nicht. Nachdem ich mich mit Essen und Trinken gestärkt habe, packe ich meine Sachen, um mir eine Herberge zu suchen, die ich auch bald finde. Im Zimmer breite ich erst mal meine Sachen aus, in der Hoffnung, sie trocknen bis zum Morgen etwas. Von Pilgern auf dem spanischen Jakobsweg wusste ich, man kann am Abend die Sachen auswaschen, sie aufhängen und am nächsten Tag wieder trocken anziehen. Ich bin aber in Deutschland an einem nasskalten Augusttag.

Nachdem ich etwas entspannt hatte, regnete es zum Glück nicht mehr. So schaue ich mir nochmals die nähere Umgebung an und auch die der Pension benachbarte katholische Liebfrauenkirche. Hier kann man gut den Tag nochmals bedenken und einen Gottesdienst mitfeiern. Danach trinke ich in der Gaststätte unter meiner Herberge noch ein Bier. Wenigstens in der Gaststube wurde die Heizung angeschaltet, so dass man gut entspannen kann. Das Zimmer ist nicht geheizt, was das Trocknen der Sachen nicht befördert. Doch schlafe ich nach dem verregneten 50-Kilometer-Marsch tief und fest.

BERGE UND GEBIRGE

Wann ist ein Berg ein Berg und wann ist ein Gebirge ein Gebirge? So genau weiß das wohl keiner. Zweifelsfrei ist das Himalaja-Gebirge das größte Gebirge der Welt oder besser der Erde. Das gilt für die Ausdehnung von Ost nach West sowie von Nord nach Süd. Zudem sind dort die höchsten Berge, zuerst der 8848 Meter hohe Mont Everest. Doch Vorsicht, das ist der höchste Berg gemessen vom Meeresspiegel. Misst man beispielsweise vom Erdmittelpunkt, ist der Berg Chimborazo in Ecuador um mehr als zwei Kilometer höher als der Mont Everest. Die Erde ist eben nur annähernd eine Kugel und am Äquator aufgrund der Erdrotation stärker ausgebeult.

Experten unterscheiden ferner nach höchsten Bergen, gemessen vom Fuß des Berges, der auch unterhalb der Meeresoberfläche sein kann. Hier überragt der Mauna Kea auf Hawaii alle anderen Berge der Erde. Es gibt auch höchste Berge, gemessen vom Fuß des Berges am Festland, gemessen an seiner Dominanz oder gemessen an seiner Schartenhöhe. Höchster bekannter Berg unseres Sonnensystems ist übrigens laut Wikipedia der Olympus Mons auf dem Mars. Der ist 22 Kilometer höher als die umgebende Oberfläche des Planeten. Strittig ist, ob der Mont Blanc in den Alpen höchster Berg Europas ist oder der im Kaukasus liegende Elbrus. Nimmt man die Nord-Süd-Wasserscheide des Kaukasus als Grenze zwischen Europa und Asien, so ist der Elbrus der höchste europäische Berg. Ansonsten ist es der Mont Blanc.

Auf dem sächsischen Jakobsweg Via Regia ist ohne Spitzfindigkeiten zweifelsfrei der 393 Meter hohe Hochstein in den Königshainer Bergen höchster Berg. Es folgt der 293 Meter hohe Hutberg, auf dem Hausberg von Kamenz befindet sich sogar eine Pilgerherberge.

Fragt man nach dem kleinsten Gebirge, so wird es erst recht kompliziert. Sind wirklich die bis 415 Meter hohen Königshainer Berge das kleinste Gebirge Deutschlands?

Es gibt keine klaren Trennungen zwischen Hügelland, Mittel- und Hochgebirge. Die 420 Meter hohe Landeskrone, der Görlitzer Hausberg, der frei die Gegend überragt, gilt sicher nicht als Gebirge. Ähnlich ist es mit dem 312 Meter hohen Collm, der den Wandersmann südlich des Jakobswegs von Oschatz bis Wurzen als Landmarke und höchste Erhebung des Leipziger Raums begleitet.

Das südlich von Bautzen gelegene Lausitzer Bergland mit dem über 560 Meter hohen Berg Czerneboh, dem Schwarzen Gott, neben dem es auch den Weißen Gott Bieleboh gibt, ist laut Wikipedia eine hügelige Mittelgebirgslandschaft in der sächsischen Oberlausitz, also ein Zwischending zwischen Hügelland und Mittelgebirge. Im Südosten geht es in das Lausitzer Gebirge über, wozu auch das Zittauer Gebirge gehört. Es gibt Aussagen, das Zittauer Gebirge sei das kleinste deutsche Mittelgebirge.

Laut Wikipedia ist das etwa drei Kilometer lange und kaum 200 Meter breite Spaargebirge östlich von Meißen und westlich von Coswig mit dem 192 Meter hohen Bosel das kleinste Gebirge Sachsens. Allerdings sei es im eigentlichen Sinne kein Gebirge!

Zwischen Dahlen und Wurzen sieht man nördlich des Jakobswegs die Hohburger Berge. Sie überragen die Umgebung bis zu 120 Meter. Die fünf

Berge sind alle über 200 Meter hoch, der Löbenberg erreicht 240 Meter Höhe über dem Meeresspiegel. Als Gebirge gelten die Berge, die wohl eher Hügel sind, nicht.

Die Königshainer Berge kann man größenmäßig zwischen dem Lausitzer Bergland und den Hohburger Bergen einordnen. Sie überragen den Ort Königshain um weniger als 200 Meter. Ob es sich bei dieser reizvollen Landschaft um ein Gebirge handelt, kann man bezweifeln. Man muss es aber nicht.

VON BAUTZEN NACH KAMENZ

Obgleich es Sonntag ist, stehe ich um 7 Uhr auf und mache mich fertig. Nach dem Frühstück geht es wieder auf die Walz. Doch was für ein Unterschied zu den Vortagen! Die Sonne lacht und auch mein Herz. Die Beschwerden, die ich am gestrigen Abend hatte, sind wie weggeblasen. Die noch feuchten Schuhe vom Vortag binde ich zum Trocknen an den Rucksack. Die ebenfalls bestens eingelaufenen Turnschuhe habe ich an den Füßen.

Der Weg führt zunächst nach unten, wo man die noch bescheidene Spree überquert. Dann geht es wieder nach oben, und man unterquert die Autobahn. Nach reichlich zwei Kilometern erreicht man eine Anhöhe, von der man nach

Bei Bautzen führt der Weg vorbei am Saurierpark nach Schmochtitz.

Wegkreuz und das im Jahr 2000 geschaffene Milleniumsdenkmal

Süden eine wunderbare Sicht auf das 1000-jährige Bautzen und auf die Berge des Lausitzer Berglandes hat. So macht das Wandern Freude!

Der Jakobsweg, eine am Sonntag wenig befahrene Straße, kreuzt bald eine andere Straße, die nach Kleinwelka führt, wo sich ein Saurierpark befindet. Eines dieser nachgebildeten Tiere grüßt von der Ferne. Ich weiche ihm aber lieber aus und gehe weiter den ausgeschilderten Weg nach Schmochtitz.

Da hier sorbisches Siedlungsgebiet ist, sind die Straßenschilder zweisprachig; Deutsch und Sorbisch. Genauer muss man sagen, es ist Obersorbisch, das in der Oberlausitz mit dem Zentrum Bautzen gesprochen wird. Es ist stärker mit dem Tschechischen verwandt. In der Niederlausitz mit dem Zentrum Cottbus wird Niedersorbisch gesprochen, welches stärker an Polnisch angelehnt ist. Die Sorben als das kleinste slawische Volk sind also zweigeteilt und leisten sich zwei unterschiedliche Schriftsprachen mit mehreren unterschiedlichen Buchstaben!

In Schmochtitz hat die katholische Kirche ein Rittergut zu einem Bildungszentrum ausgebaut. Dieses sehe ich mir an und möchte einen weiteren Stempel in meinen Pilgerpass. Ich suche und suche und finde ihn nicht. Vermutlich ist er am Vorabend beim Abendessen in der Gaststätte liegengeblieben. Nun ist er samt der Stempel von St. Peter und Paul in Görlitz und St. Petri in Bautzen weg. So funktioniere ich meinen Pilgerführer zum Pilgerpass um, wo ich auf der inneren Umschlagseite als ersten Stempel nun den aus Schmochtitz habe, wo allerdings nicht der Ortsname, sondern *1106–2006 900 JAHRE – BENNO VON MEISSEN* zu lesen ist.

Am Wegesrand sieht man im Sorbenland häufig Wegkreuze. Bei dem kleinen Ort Strohschütz kommt man an ein großes Monument, das Milleniumsdenkmal. Dieses wurde im Jahr 2000 zur Erinnerung an Christi Geburt und die Ausbreitung der christlichen Botschaft geschaffen. Es beeindruckt sehr.

Die kleinen, schmucken Siedlungen, in denen man nichts von Entvölkerung und demografischem Wandel mitbekommt, beeindrucken mich. In dem kleinen Ort Storcha komme ich an einer großen Kirche vorbei, die offensteht und zum Besuch einlädt. Das kann man sich ohne Wachpersonal leisten. Offenbar gibt es hier keine bösen Buben oder dreisten Deern, zumindest noch nicht. Im Kircheninnern begegnet mir bewusst die erste andere Wanderin auf dem Jakobsweg. Sie ist aber nicht dabei, ein Gebet zu verrichten, sondern hat ihre Wanderstiefel ausgezogen und versorgt ihre Füße mit Pflaster. Das fängt ja früh bei der jungen Dame an, denke ich.

Die meiste Zeit geht es durch Felder in einer hügeligen Landschaft. Irgendwann sehe ich von einem Hügel das Kloster Marienstern. Dieses hatte ich kurz zuvor schon einmal mit dem Auto anlässlich der 1. Sächsischen Landesausstellung mit dem Titel *Zeit und Ewigkeit* besucht, die im Rahmen des 750-jährigen Bestehens dieses Zisterzienserinnenklosters stattfand und mich sehr beeindruckte. Es ist ein bestens sanierter Bau, der viele Pilger oder Touristen anzieht. Fast alle kamen aber mit Bus oder Auto.

In Marienstern stellt man mir die Frage: *Wo kommen Sie her, wo gehen Sie hin?* Diese Frage beschäftigt mich ernsthaft schon einige Zeit und wird mich wohl lange begleiten – nicht nur auf dem Jakobsweg Via Regia. Zunächst gehe ich aber erst einmal weiter Richtung Kamenz, wohin es nur noch reichlich zehn Kilometer sind.

Obgleich einige Kilometer entfernt, sieht man im Norden das riesige Kraftwerk Boxberg, das durch die Dampfwolken umso stärker den Horizont dominiert. Es ist in Verbindung mit dem Braunkohlebergbau einer der wenigen großen Arbeitgeber der Region.

Der Autor im katholischen Sorbenland auf dem sächsischen Jakobsweg

Während des Laufens auf dem steinigen Weg merke ich auf einmal, dass ich Beschwerden am linken Fußballen habe. Eine Wasserblase kündigt sich an, die ich gar nicht gebrauchen kann. Offenbar sind die dünnen Turnschuh-Sohlen für den Untergrund nicht optimal geeignet. So lege ich eine Rast ein, ziehe andere Strümpfe und die inzwischen einigermaßen getrockneten Halbschuhe an. Weiter geht es nach Kamenz. Das ist mir nicht unbekannt, da ich hier mehrfach dienstlich zu tun hatte. Vor Kamenz begegnen mir einige wild fahrende Motorradraser. Ein Radfahrer hat einen Pullover mit der Aufschrift Thor Steinar an. Ich bekomme ein ungutes Gefühl und denke unwillkürlich daran, dass ich einen Organspendeausweis bei mir habe. Der bleibt zum Glück ungenutzt.

Obgleich es in der Stadt einige leerstehende Häuser und Wohnungen gibt, hat die geschichtsträchtige Stadt einiges zu bieten. Nicht nur die Gedenkstätte für den in Kamenz geborenen Lessing. Hinter dem Stadtzentrum beginnt gleich der Hutberg, der 293 Meter hohe Kamenzer Hausberg. Auf ihm befinden sich eine Gaststätte und ein nach Lessing benannter Aussichtsturm mit ehemaliger Türmerwohnung. Darin wurde eine Pilgerherberge eingerichtet,

Pilgerquartier in der früheren Türmerwohnung am Kamenzer Hutberg

die ich mir als Nachtquartier auserkoren habe. Bevor ich dort einziehe, genieße ich erst einmal nach der 31-Kilometer-Tour am Freisitz der Gaststätte ein ausgiebiges Mahl.

Die Herberge ist verschlossen. Bevor ich den Berg wieder hinunterlaufe, um beim evangelischen Pfarramt nach dem Schlüssel zu fragen, konsultiere ich erst einmal die Gaststätten-Bedienung. Zum Glück ist da ein Schlüssel hinterlegt, so dass ich mir und meinem linken Fuß samt Blase den Ab- und Wiederaufstieg in die Stadt sparen kann.

Die Türmerwohnung hat zwei Zimmer, in denen fünf Liegen stehen, Küche und bescheidene Sanitäreinrichtungen. Aber es reicht. Bei Schiller heißt es: Platz ist in der kleinsten Hütte … Von der Fortsetzung … für ein glücklich liebend Paar, kann ich heute nur träumen.

Zuerst lüfte ich intensiv, wasche dann einige Kleidungsstücke aus, die am Vortag durch den Regen im Wasser durchlässigen Rucksack verunstaltet wurden. Dass sie bis zum nächsten Morgen trocknen, ist eher unwahrscheinlich. Aber etwas Wechselkleidung brauche ich. Dann schaue ich mich weiter um. Es wird für die Übernachtung um eine Spende von fünf Euro gebeten, das ist mehr als gerechtfertigt. Es gibt auch eine Hausapotheke, wo ich über die vielen Binden und die großen Pflaster staune. Ich habe nur kleinere Pflaster mit. Während meines Schaffens haben andere Besucher des Hutberges Interesse an einer Besichtigung. So spiele ich noch mehrmals Fremdenführer. Andere Übernachtungsgäste hingegen kommen nicht.

Bei meinen bisherigen drei Quartieren gab es jeweils eine Steigerung. In Görlitz hatte ich eine Bleibe unten am Fluss, wo es einen alten Fernseher mit Bild und Ton gab. In Bautzen oben in der Stadt gab es im Zimmer einen noch älteren Fernseher ohne Ton. Nun in Kamenz habe ich eine Wohnung auf dem Berg, aber keinen Fernseher und kein Radio, also weder Ton noch Bild. Somit ist zeitiges Schlafen angesagt. Wer weiß, was der morgige Montag bringt.

VON KAMENZ NACH GROSSENHAIN

Am Montag stehe ich wieder gegen 7 Uhr auf, mache mich frisch, frühstücke und packe meine teilweise noch feuchten Sachen. Eine halbe Stunde später geht es den Hutberg hinab und weiter gen Westen. Nächster größerer Ort nach 15 Kilometern ist Königsbrück. In der Königsbrücker Heide gibt es seit einigen Jahren wieder Wölfe, also gut Glück! Zumindest das Wetter und auch die Landschaft stimmen froh und glücklich.

Nach wenigen Kilometern beginnt bei Schwosdorf, einer hübschen Siedlung mit Pilgerherberge, ein erstes größeres Waldgebiet. Hier beginnen neue Herausforderungen. An jeder Weggabelung muss man mörderisch aufpassen, dass man die Wegmarkierungen mit der Jakobsmuschel nicht übersieht. Der Jakobsweg ist hier manchmal nur ein mit Gras bewachsener Pfad, der kaum erkennbar ist und vom Hauptweg abgeht. Lebende Bäume haben die Eigenschaft, Zweige mit Blättern zu bilden, die leicht Hinweisschilder verdecken. So wird mir deutlich bewusst, dass es nicht reicht, den Weg einmal anzulegen. Er muss ständig gewartet und gepflegt werden – von Menschen, denen ich dafür sehr dankbar bin. In einigen Fällen helfe ich nach, indem ich Zweige oder Unkraut entferne, wenn diese die Wegzeichen an Baumstämmen oder Steinen verdecken. Aber es ist schön, im Wald zu lustwandeln, den Vögeln zu lauschen und immer mal eine Himbeere oder Brombeere zu pflücken und zu verzehren.

Vor Reichenau ist der Wald erst einmal zu Ende, danach beginnt gleich ein neuer Wald, hinter dem Königsbrück liegt, wo es gleich zwei Pilgerherbergen gibt. Eine Herberge ist am evangelischen Pfarrhaus, wo ich mir gegen 11 Uhr einen Stempel mit dem Schrifttext *Pilgerherberge Im Pfarrhaus in 01936 Königsbrück* abhole. Mit den netten Leuten im Büro komme ich etwas ins Plaudern. Sie sagen mir, bis Großenhain sind es noch etwa 25 Kilometer. Das müsste trotz der Blase am linken Fußballen zu schaffen sein, ist aber keine Pflicht.

Kurz hinter dem Städtchen beginnt ein größerer Wald, wo ich mich mehrfach frage, ob ich noch auf dem richtigen Weg bin. Straßenschilder gibt es auf den Waldwegen nicht, selten einen Wanderer, Radfahrer oder auch Reiter. Der Wald streckt sich ganz schön, doch irgendwann lande ich im Kirchdorf Tauscha, wo ich für meinen Mittagimbiss gern in der im Pilgerführer angegebenen *Einkaufsmöglichkeit außerhalb der Städte* einkaufen möchte. Doch die hat geschlossen, was mich nicht sonderlich stört in der Annahme, es wird wohl bald irgendwo eine Gaststätte geben.

Auf der Landstraße geht es zwischen Mais- und anderen Feldern weiter nach Schönfeld, wo es neben einem Schloss auch eine Herberge und Einkaufsmöglichkeiten geben soll. Irgendwann unterquere ich die Autobahn Dresden-Berlin. Von hier aus sind es noch zwei Kilometer nach Schönfeld. Das *Zauberschloss Schönfeld* wird gerade grundhaft saniert, womit auch die Pilgerherberge hinfällig ist. Die nächste Herberge ist im 15 Kilometer entfernten Großenhain. Das sind von Königsbrück keine 25, sondern 31 Kilometer! Ein ziemlicher Schock, zumal mein linker Fuß inzwischen deutlich lädiert ist. Immerhin kann man hier diverse Speisen und Getränke einkaufen und sich etwas stärken. Dann muss ich weiter, so hurtig es noch geht.

Nördlich des Wegs ist eine riesige niegelnagelneue Fabrik, die zu Lampertswalde gehört und ein längeres Wegstück dominiert. Dann wird es wieder ländlich, der Weg führt durch Felder und Waldstücke. Irgendwann fällt mir eine fünfköpfige Familie auf, die zusätzlich noch einen Kinderwagen mit sich schiebt. Sie läuft vor mir her und macht vermutlich bei dem schönen Wetter einen Nachmittagsspaziergang. Schön, dass es noch so aktive größere Familien gibt, denke ich. Nach einigen Kilometern, als ich die Familie fast eingeholt hatte, kreuzt laut meinem Pilgerführer der ausgewiesene Jakobsweg die Bundesstraße und die nördlich davon gelegene Bahnlinie, verläuft dann parallel in westlicher Richtung, bevor er später wieder auf die Bundesstraße trifft. Während die Familie auf dem Wege weiterläuft, entschließe ich mich,

Die Herberge in Großenhain begrüßt die Wanderer.

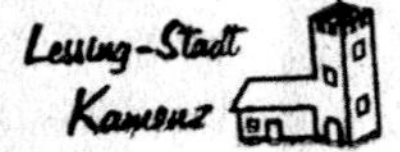

Die ersten Stempel im Pilgerführer – der Pilgerausweis ging zuvor verloren.

auf der Straße zu laufen. Die ist zwar als Autobahnzubringer recht heftig befahren, ich spare aber einen langen Kilometer. Nach drei Kilometern im ersten Großenhainer Vorort beginnt glücklicherweise ein Radweg, der etwas sicherer ist. Ab da sind es aber nochmals drei Kilometer bis zur Innenstadt, wo sich neben der Marienkirche die ausgewiesene Pilgerherberge befindet. Gegen 17 Uhr habe ich es endlich geschafft.

Die Kirche ist verschlossen, die Herberge daneben auch, doch wird man hier darauf hingewiesen, dass man sich im benachbarten Pfarrhaus melden soll. Dort empfängt mich eine ältere Dame sehr herzlich, gibt mir den Schlüssel für die Herberge und weist mich in die Unterkunft ein. Auch diese ist spartanisch, aber man hat alles, was man braucht.

Der anschließende Stadtbummel fällt zwangsläufig kurz aus. Er führt zur nächsten Gaststätte, wo ich nach einem langen Wandertag mit rund 49 Kilometern Wegstrecke ein ausgiebiges Abendessen genieße.

Wieder in der Herberge bin ich nicht mehr der einzige Gast. Auch die zuvor beobachtete kinderreiche Familie ist eingetroffen. Die vermeintliche Mutter ist der große Sohn mit langen Haaren, dazu gesellen sich Vater und weitere drei Söhne. Der Kinderwagen enthält kein Baby, sondern das viele Gepäck. Die Mutter lässt aber nicht lange auf sich warten, sie kommt samt ihren Eltern und einem Festgelage mit dem Auto aus Dresden. So wird der Abend für die Großfamilie zum Fest. Das ist immerhin eine interessante Variante, die Ferien relativ kostengünstig zu verbringen.

Ich habe zum Glück einen separaten Schlafsaal für mich allein, die Geräusche von nebenan sind etwas gedämpft. Bei meiner Abendtoilette benötigt der linke Fuß die meiste Aufmerksamkeit und Zeit, da sich am Ballen eine größere Blase gebildet hat, die mittlerweile offen ist. Im Gegensatz zu den Nachbarn besteht meine Lustbarkeit darin, zu entspannen, auf Heilung des Fußes und auf den Schlaf zu warten, der irgendwann auch kommt.

TIERE

Läuft man mit offenen Augen durch die Gegend, sieht man viele Tiere. Da sind die Eichelhäher, die im Walde rufen und die anderen Tiere vor mir warnen. Auch die Spechte machen auf sich aufmerksam, wenn sie mit ihrem Schnabel gegen einen Baumstamm hämmern. Selbst wenn es nicht mehr Frühling ist, singen viele Vögel ihre Lieder. Vielleicht nur aus Freude am Leben! Auch ich komme in Verlegenheit, wenn ich meine, allein zu sein, da und dort ein Lied zu singen oder auch nur zu summen. Es gibt so wunderbare Lieder wie: Wem Gott will rechte Gunst erweisen, den schickt er in die weite Welt. Meistens schweige ich aber, und auch die meisten Vögel sind still. Zumal die Kleinen wie die Singvögel Amsel, Drossel, Fink und Star, aber auch Meise, Kleiber, Rotschwanz und was noch alles durch die Lüfte fliegt oder aber sich im Blätterwerk versteckt hält. Die Amsel steht ganz oben in der Nahrungskette, habe ich einmal gelesen. Zurecht müssen kleine Vögel Angst haben beispielsweise vor größeren Vögeln. Von denen sehe ich auch genügend, so etwa auf einem abgeernteten Feld eine Heerschar an kreischenden Krähen, die beim Aufsteigen den Himmel fast schwarz färben. Vor Kloster Marienstern kreisen einige Greifvögel, vermutlich Milane, die allerdings weniger andere Vögel suchen, sondern mehr die Weide unter sich ausspähen und auf eine unvorsichtige Maus warten.

Mäuse sehe ich auch viele, zumal der Blick beim Laufen häufiger auf den Weg als in die Lüfte geht. Da sind kleinere Spitzmäuse, die über den Waldweg huschen, und etwas größere Feldmäuse, die sich am Feldrain zu schaffen machen. Sofern sie sich bewegen, fallen sie leichter auf. Einige sind aber tot oder gar mausetot am Wegesrand. An ihnen machen sich nicht selten Fliegen zu schaffen. Die wollen auch leben.

Mich verschonen die Fliegen weitgehend. Die Kühe, die man nicht selten auf der Weide sieht, verschonen sie nicht. In der Schule hatte ich vor vielen Jahren gelernt, es gibt in Deutschland meist Rotes Höhenvieh und Schwarzbuntes Niederungsvieh. Das war einmal, denke ich, wenn ich etwas von Galloway oder Highlandern lese und solche auch sehe. Auch Bisons sind keine Seltenheit mehr.

Viel öfter als Bisons sieht man indes Pferde, kaum noch die dicken Ackergäule, die früher die Wagen oder Pflüge und Eggen zogen. Heute sieht man

Reitpferde auf der Koppel oder auch mit Reiter beim Ausritt. Ja, auch die gemütlichen Haflinger gibt es, die aber wohl meist für Ausfahrten oder auch für Anfänger zum Reiten gehalten werden.

Schweine höre und rieche ich mehr, als dass ich sie sehe, wenn ich an Bauernhöfen vorbeikomme. Wenn ich bei kleinen Gehöften am Waldesrand Schafe sehe, denke ich unweigerlich an Wölfe. Die gibt es wieder in der Lausitz. Immer wieder liest man von gerissenen Schafen. Wer weiß, wie lange man dieses Bild friedlich grasender Schafe noch sehen kann. Die labilen Zäune, teilweise auch Elektrozäune, dürften keine große Hürde für einen hungrigen Wolf sein. Einem solchen bin ich zum Glück nicht begegnet. Aber auch Rotwild und Hasen kommen mir kaum zu Gesicht. Vielleicht gibt es davon weniger als früher oder sie sind noch vorsichtiger geworden.

Relativ selten mache ich Bekanntschaft mit Mücken, so dass ich auch kaum über Mückenstiche klagen muss. Dennoch ist auf meiner Wanderung unübersehbar, dass Insekten die häufigsten Tiere sind. Das beziehe ich überwiegend auf die Ameisen, die zwar Hautflügler sind, meist aber doch nur am Boden kriechen. Ich sehe kleinere rote und größere schwarze Ameisen. Solche, die auf ihren Ameisenstraßen unterwegs sind, und solche, die emsig an ihren Ameisenhügeln herumkriechen und herumbasteln. Stundenlang könnte ich den emsigen Tieren zuschauen. Dabei denke ich an die Ameisenkinder Stiegelchen und Piegelchen. Längere Zeit erzählte ich meinen Kindern abends immer als Einschlafgeschichte ein Abenteuer von diesen Tieren. Da kam auch manchmal der böse Ameisenlöwe vor. Den kenne ich aber nur vom Hörensagen. Gesehen habe ich ihn nie, auch nicht auf meiner Wanderung am sächsischen Jakobsweg.

VON GROSSENHAIN NACH LAMPERTSWALDE

Zur gewohnten Zeit mache ich Morgentoilette und Frühstück, schön leise, damit ich die Nachbarn nicht störe. Gegen halb 8 Uhr starte ich. Mein linker Fuß ist nachts nicht besser geworden, er macht mir schon beim Start massive Probleme. Als ich durch das morgendliche Großenhain laufe, lese ich irgendwo: *Ohne Arbeit früh bis spät kann dir nichts geraten. Der Neid sieht nur das Blumenbeet, aber nicht den Spaten.* Das sehe ich als Aufforderung, mit frohem Mut meine Wanderung fortzusetzen. Der Weg führt durch eine leicht hügelige Landschaft mit einigen Wäldchen und vielen Feldern. Auf Maisfeldern stehen die Pflanzen noch übermannshoch, die anderen Getreidefelder sind meist abgeerntet. Während die Stoppelfelder schon gelb sind, sind die Wälder noch nicht bunt, und der Herbst lässt noch etwas auf sich warten. Es ist herrlich bei bestem Wanderwetter in der freien Natur, die aber zunehmend in dichter besiedeltes Gebiet übergeht. Dann werde ich daran erinnert, dass es auch Unfreiheit gibt, als ich in Zeithain an einem Gefängnis vorübergehe. Ein Schild belehrt mich: *Jegliche Kontaktaufnahme mit Gefangenen und die Übermittlung von Sachen oder Nachrichten ist verboten …*

In Zeithain führt der Jakobsweg an einer Justizvollzugsanstalt vorbei.

Ein Stück zuvor hatte ich mich entschieden, den Jakobsweg direkt auf der Hauptroute nach Strehla zu gehen und nicht die im Pilgerführer ausgewiesene Nebenroute über Riesa. Ab Zeithain ist es noch ein Kilometer bis zur Elbe, wo bereits in der Ferne auf einem Berg Strehla mit Kirche und Schloss grüßt. Ich mache Rast und erfreue mich am Ausblick. Über den linken Fuß kann ich mich nicht freuen und denke daran aufzugeben.

Ich entschließe mich aber weiterzulaufen und gehe dann am Elberadweg am Nordufer bis Lorenzkirch. In dieser zu Zeithain gehörenden Siedlung ist wirklich eine Kirche, auffälliger ist aber ein vergleichsweise großer Rummel

Hinter der Elbe grüßt auf einer Anhöhe Strehla, rechts ist Lorenzkirch.

oder Jahrmarkt. Diesen muss ich passieren, da ich direkt zur Elbe, genauer zur Elbfähre will. Hier lese ich, dass diese vom 1. März bis 31. Oktober in Betrieb ist. Zum Glück ist August, sonst hätte ich zurück zur Riesaer Elbbrücke gemusst, um über die Elbe zu gelangen. So kann ich nach kurzer Wartezeit für einen Euro die Elbe per Schiff überqueren. Dann liegt Ostelbien hinter mir, ich bin in Strehla. Bis zur Fähre waren es von Großenhain rund 24 Kilometer, ab da bis oben zum Stadtkern sind es noch rund zwei Kilometer, die mir ganz schön lang vorkommen. An einer Tankstelle am Straßenrand lese ich *Diesel 136,9 Benzin 00,0 Super 146,9*. In Gedanken tanke ich kräftig kostenloses Benzin und gehe mental gestärkt weiter zum Stadtkern.

Strehla ist ein hübsches Städtchen auf einem Felsen über der Elbe. Das Schloss ist beeindruckend, harrt aber in großen Teilen einer Sanierung. Die schmucke Kirche steht auf dem Friedhof. Dort lese ich zu meiner Freude: *Wenn die Kraft zu Ende geht, ist Erlösung nahe.* Das gibt mir Auftrieb. Am Rande des Friedhofs ist ein evangelisches Jugendhaus, das auch als Pilgerherberge dient. Es ist toll saniert, und es gibt sogar Duschen. Ein prima Quartier. Doch ist es erst 14 Uhr, und es sind bis Leipzig noch rund 90 Kilometer. Wie soll ich die mit meinem kaputten Fuß in drei Tagen schaffen? Ich entschließe mich schweren Herzens, den Weg fortzusetzen. Die nächste Herberge ist laut Pilgerführer zwar erst im 17 Kilometer entfernten Dahlen, doch bis dahin gibt es sicher den einen oder anderen Ort mit Hotel oder Pension, notfalls auch einen Bauernhof mit Heuschober. In Gedanken bin ich mit dem Liedtext beschäftigt: *Weiter uns wirbelt auf staubiger Straß, immer nur hurtig und munter. Ob uns der eigene Bruder vergaß, uns geht die Sonne nicht unter.* Zumindest sind es bis zum Sonnenuntergang noch einige Stunden.

Am ausgeschilderten Jakobsweg gibt es ab Ortsausgang Strehla nach einem Kilometer eine kleine Siedlung, dann rund fünf Kilometer Felder, bis man in Lampertswalde ist. Das ist nicht das Lampertswalde östlich von Großenhain, sondern ein Namensvetter östlich von Dahlen. So entschließe ich mich, auf der Landstraße zu laufen, an der mehrere Siedlungen liegen. Vielleicht gibt es da eine Bleibe für die Nacht.

Nachdem ich die letzten Tage tagsüber kaum etwas zu trinken brauchte, ein kleines Viertelliter-Fläschchen reichte, ist heute der Durst beträchtlich. Bei Zeithain kaufte ich ein Kilo Tomaten, das ich bald verspeist hatte. In Strehla erwarb ich eine Halbliter-Wasserflasche, die bald leer war. Der einsetzende Nieselregen ist auch nichts gegen Durst, ein Bier wäre besser.

Die deutsche Sprache hat mehrere Bezeichnungen für sehen. Man kann schauen, äugen, spähen, gucken, glotzen, illern, blicken… Es gibt einen Ausblick, Durchblick, Weitblick, Rückblick und auch einen Tunnelblick. Letzteren habe ich mittlerweile meist auf meinem Marsch. Ich schaue geradeaus vor mir auf die Straße, nicht links oder rechts und auch nicht nach oben. Nur in den Siedlungen halte ich Ausschau nach einem Quartier, doch finde ich nichts. Stattdessen sehe ich links von mir einen Höhenzug, auf welchem ein Weg, offenbar der Jakobsweg verläuft. Der führt über den 198 Meter hohen Liebschützer Berg, die Landstraße ist rund 70 Meter tiefer. Oben hätte ich einen weiten Blick, wäre aber wohl auch mit Tunnelblick gelaufen.

Nach fünf Kilometern erreiche ich Lampertswalde und bin wieder auf dem sächsischen Jakobsweg Via Regia. Der Ort überrascht mit einem hübschen

Wasserschlösschen samt gepflegtem Park mit Gaststätte und angrenzender Kirche. Die Pilger werden mit der Jakobsmuschel begrüßt und haben die Möglichkeit zu rasten und in der Sakristei einen Tee zu trinken. Wichtiger ist mir ein Nachtlager. Die Wirtsleute der Gaststätte sagen mir, sie haben keines, es gibt dies aber in der Mitte des langgestreckten Dorfes. Nach einem weiteren Wegstück lese ich *Highlanderhof* und sehe entsprechende Highlander-Rinder auf der Weide nördlich des Wegs. Südlich davon ist ein tadellos sanierter Bauernhof mit Gaststätte und Pension. Auf dem Hof ist viel bayrisches Blau-Weiß. Schottland, Bayern? Nein, ich bin noch mitten in Sachsen.

Es ist 17 Uhr. Ab Großenhain bin ich rund 41 Kilometer gelaufen und sehr abgespannt. Zum Glück ist im ersten Stock ein Zimmer für mich frei, schön eingerichtet mit richtigem Bett, Dusche und Fernseher. Nach ausgiebigem Mahl in der unten gelegenen Gaststätte pflege ich mich ausgiebig, insbesondere mein Bein. Das wickle ich in ein Handtuch, um das Bett nicht mit Blut zu verschmieren, und genieße vom Bett aus eine Fernsehsendung. Die ist 19 Uhr zu Ende, da wegen eines heftigen Gewitters der Fernseher mit Zimmerantenne schwarz ist. Ein Glück, dass ich nicht im Freien übernachten muss! So bin ich trotz allem glücklich und Gott und der Welt dankbar.

Bauernhof mit Pension in Lampertswalde östlich von Dahlen

FRÜCHTE

Als Kind wohnte ich am Heidelsberg, wo es tatsächlich viele Heidel- oder Blaubeeren gab. Die Ferien verbrachte unsere Flüchtlingsfamilie fast ausschließlich im Wald, wo wir Blaubeeren und Preiselbeeren sowie Pilze sammelten. Die Blaubeeren wurden teilweise eingekocht, so dass wir auch im Winter Kompott hatten. Die Pilze oder Schwamme schmeckten gut, und wer viel Schwamme hot, der spart is teire Brut, wie es in einem Lied aus dem Erzgebirge heißt. Ansonsten freute man sich, wenn man im Winter ab und an einen Apfel zu essen bekam oder zu Weihnachten sogar eine Apfelsine.

Nach der deutschen Wiedervereinigung gab es ab 1990 auch im Osten Deutschlands fast alles, auch die exotischsten Früchte zu jeder Zeit. Das einheimische Obst, das nicht so exklusiv verpackt war, wurde häufig gemieden. Mittlerweile gibt es das neben vielem anderen auch wieder auf dem Markt.

So nehme ich mir als Wanderer auf dem Jakobsweg jeden Morgen auch zwei Äpfel oder Bananen mit. Nicht mehr, damit ich nicht zu viel tragen muss. Es ist ja August und damit Erntezeit. Am ersten verregneten Tage pflücke ich im Naturschutzgebiet Königshainer Berge mehr im Vorübergehen nur die eine oder andere griffbereite Himbeere. Bei besserem Wetter an den nächsten Tagen schaue ich auch auf die Bäume und Sträucher am Wegesrand. Da kann man schon mal ein paar Mirabellen pflücken und verspeisen, sich so etwas Flüssigkeit und Vitamine zuführen. Obstbäume als Straßenbäume gibt es auch. Doch die sind teilweise abgeerntet, an anderen hängen die Früchte recht hoch und sind sicher in Privatbesitz. Das Volkseigentum ist auch diesbezüglich abgeschafft. Dennoch landet auch der eine oder andere Apfel vom Baum in meinem Magen.

Pilze fallen mir erstmals am Kamenzer Hutberg deutlich ins Auge. Da hätte ich sogar in der Pilgerherberge die Möglichkeit zum Zubereiten. Weil ich aber schon gut gespeist habe, verzichte ich auf das Pilzesammeln. Auch die nächsten Tage lasse ich die Pilze am Wegesrand stehen.

Blaubeeren oder Preiselbeeren begegnen mir unterwegs unmittelbar am Weg sehr selten. Wenn doch irgendwo ein Blaubeerstrauch ist, dann sind die Beeren in der Regel schon abgepflückt. Anders sieht es bei Himbeeren aus. Da findet man schon einige Sträucher, an denen noch ein paar Beeren hängen. Die größeren haben aber meist schon andere geerntet. Daheim in

Apfelplantage östlich von Wurzen

Nähe meiner Wohnung gibt es viele wild wachsende Brombeerpflanzen und auch einige Walnussbäume. Unterwegs finde ich davon fast nichts, so dass sie mir auch nicht zur Erquickung dienen können.

Die meisten Getreidefelder sind abgeerntet. Sie würden auch nicht zu einer Zwischenmahlzeit beitragen. Das gilt auch für die noch auf den Feldern wachsenden Rüben. Einmal führt der Weg durch ein Maisfeld, wo mich links und rechts die Maiskolben anlachen. Schließlich entschließe ich mich doch, einen abzupflücken. Das hätte ich besser bleiben lassen, denn die Zeit der Milchreife ist lange vorbei und die Körner sind arg hart. So freuen sich nur die Hamster oder Feldmäuse über den weggeworfenen Maiskolben. Insgesamt habe ich mich bislang nur wenig mit selbst geernteten Früchten aus der Natur ernährt. Glücklicherweise gibt es Läden, in denen man das Nötige kaufen kann.

VON LAMPERTSWALDE NACH MACHERN

Am Morgen strahlt die Sonne in mein Zimmer. Da auf dem Bauernhof bereits unüberhörbar gearbeitet wird, stehe ich etwas zeitiger als die letzten Tage auf und frühstücke in der Gaststätte bereits 7 Uhr. Dann geht es frohen Mutes weiter, zunächst in das fünf Kilometer entfernte Städtchen Dahlen, das der Dahlener Heide den Namen gab. Durch diese Kleinstadt und weiter durch die Heide fließt das Flüsschen Dahle, was ich bislang nicht wusste. Nach einer Stunde bin ich dort, halte mich aber nicht groß auf. Trotz Beinbeschwerden möchte ich ein gutes Stück Richtung Leipzig schaffen.

Am Ortsausgang sehe ich ein Straßenschild, das auf einen Ort mit Namen Schwarzer Kater verweist. Ich denke unwillkürlich an den Likör aus schwarzen Johannisbeeren mit gleichem Namen. Den erhielten wir ehedem zu besonderen Angelegenheiten ab und an mal aus dem Westen des geteilten Vaterlandes. Ich beschließe, nicht den ausgewiesenen Jakobsweg zu gehen, sondern die Landstraße nach Schwarzer Kater, zumal diese Strecke eher kürzer ist. Die wenigen Häuser der Siedlung zwischen den Feldern sind nichts Besonderes, eine Likörfabrik gibt es natürlich nicht.

Die meisten Felder hier sind Getreidefelder und bereits abgeerntet. Der Weg ist dennoch abwechslungsreich. Es gibt beispielsweise einen großen Steinbruch, wo offenbar ein ganzer Hügel nach und nach abgetragen wird. In dem steinigen Gelände sind auch Crossfahrer unterwegs. Vor Dornreichenbach gelange ich wieder auf den Jakobsweg. Der Ort mit saniertem Schloss, modernem Pflegeheim und anderen interessanten Bauten überrascht mich. Auch andere Siedlungen in der Gegend haben ein Gutshaus und eine Kirche, sind einst dank der Landwirtschaft offenbar recht wohlhabend geworden. Als ich auf einem der etwa 160 Meter hohen Hügel angekommen bin, habe ich einen weiten Blick. So sieht man nördlich des Weges auch die bis zu 240 Meter hohen Hohburger Berge.

Je näher ich Wurzen komme, umso mehr gehen die Felder in Obstplantagen über. Meist wachsen hier Äpfel. Sie dürften bald reif sein und geerntet werden. Die Äpfel machen Appetit, so dass ich eine Pause mit zweitem Frühstück einlege. Dabei versorge ich auch mein Bein, das nicht gut aussieht.

In Wurzen führt der Weg an der katholischen Kirche vorbei. Da bietet sich die Gelegenheit, einen Stempel in den Pilgerführer eintragen zu lassen. Doch weit

Kühnitzsch mit Windmühle und Kirche, dahinter die Hohburger Berge

gefehlt. Die Kirche ist zu. Zum Glück ist nebenan ein neues Caritasheim, wo es durchaus Personal gibt. Dort hat man aber keinen entsprechenden Stempel und kann mir nicht weiterhelfen. Der ökumenische Jakobsweg durch Sachsen, Sachsen-Anhalt und Thüringen ist wohl doch eher evangelisch geprägt. So ziehe ich weiter zum Dom. Wurzen war zeitweise Residenzstadt der Bischöfe von Meißen, denen die Stadt auch ein Schloss und die Kirche St. Wenceslai zu verdanken hat. Der inzwischen evangelische Dom überrascht mit seiner Innenausstattung. Hier gibt es aber auch niemanden, der mir einen Stempel geben könnte. Am gegenüberliegenden Pfarrhaus ist zum Glück jemand, der mir helfen kann. Er gibt mir einen Stempel nicht vom Dom St. Marien, sondern von der Pfarrkirche St. Wenceslai.

Da ich heute 24 Kilometer gewandert bin, suche ich eine Bleibe. Die finde ich hoffentlich auf dem Weg zur neuen Mulde-Brücke, die nach dem verheerenden Hochwasser von 2002 komplett neu gebaut werden musste. Dabei wurde auch die Bundesstraße ausgebaut, deren Ursprung die alte Handelsstraße Via Regia ist. Damit verlasse ich wieder einmal den ausgeschilderten Jakobsweg. Bis zur Brücke finde ich kein Quartier. Dann beeindruckt mich die neue Brücke, wo die Straßen- und Wegeführung sich von der früheren unterscheidet.

Die nach der Flut von 2002 neu erbaute Mulde-Brücke bei Wurzen

Westlich der Brücke über die Mulde liegt Bennewitz, das früher einmal Wurzen-West war, nun aber wieder selbstständig ist. Da müsste es eigentlich ein Hotel geben. Ich finde gleich zwei, beide aber nicht mehr in Betrieb. Das ist bitter. Bitter ist auch, dass ich noch einen Umweg laufen muss, da die Bundesstraße neuerdings für Fußgänger gesperrt ist. Der Marsch neben den Leitplanken wäre lebensgefährlich. Also geht es auf Umwegen nach Norden zum ausgewiesenen Jakobsweg, den ich in Nepperwitz erreiche. Da es hier eine Pilgerherberge gibt, gehe ich mit mir in Klausur. Schließlich entschließe ich mich, weiter bis Machern zu gehen, das als Ausflugsort den Leipzigern wohlbekannt ist. Da gibt es mehrere Hotels und vor allem eine Bahnstation, von wo man nach Leipzig gelangen kann.

Um meinen Fuß etwas zu entlasten, tausche ich die Schuhe gegen die Badelatschen aus. Mit denen humpele ich nun über Wiesen und Felder, dann durch Villengegenden zum Schlosspark. Der ist immer noch sehr schön, was mich jetzt aber weniger beeindruckt.

Das erste kleine Hotel, das ich ansteuere, ist ausgebucht. Die nächste Pension ist es ebenfalls. Grund ist die gerade in Leipzig stattfindende Games Convention, die Spielemesse.

Wenn ich wegen des kaputten Beins gleich nach Hause fahre, muss ich bis zum Bahnhof noch einen Kilometer laufen und in Leipzig bis zur Wohnung noch einen, denke ich, und dass die Welt morgen vielleicht freundlicher aussieht. Also starte ich noch einen Versuch im Schloss beziehungsweise in dem zum Schloss gehörenden Hotel Kavalierhaus. Dieses ist für ein Schlosshotel standesgemäß, nimmt mich Vagabunden der Landstraße mit Badelatschen dennoch auf und versorgt mich auch zu akzeptablen Preisen mit Speis und Trank. Die habe ich nach der Tagestour von 36 Kilometern verdient. So viel hatte ich an diesem Tag nicht vorgesehen. Überhaupt war nicht geplant, nach sechs Wandertagen schon 20 Kilometer vor Leipzig zu sein. Ich merke wieder einmal: *Der Mensch denkt, Gott lenkt!* Und auch die verballhornte Vergangenheitsform dürfte zutreffen: *Der Mensch dachte, Gott lachte!*

Beispielsweise hätte ich auch nicht gedacht, dass ich bereits nach dem zweiten Wandertag trotz gut eingelaufener Schuhe eine Blase am Fuß habe, und dass alle drei mitgenommenen Schuhpaare, auch die Badelatschen, als Wanderschuhe zum Einsatz kommen würden.

Vor dem zeitigen Schlafenlegen wickele ich das Bein wieder in ein Handtuch, damit das Bettzeug sauber bleibt. Sollte ein kleines Wunder geschehen, schaffe ich den letzten Abschnitt nach Leipzig noch zu Fuß. Doch sehe ich das nicht verbissen, da ich von Leipzig nach Machern und zurück schon mehrfach mit dem Auto und auch mit dem Fahrrad gefahren bin. Und Fahrradfahren soll ja für Jakobsweg-Wanderer gestattet sein. So hätte ich die letzte Etappe quasi vorweggenommen. Ich hoffe, dass die Nacht Linderung und der neue Tag neues Glück bringt.

Alle drei Paar wurden auf dem Weg als „Straßenschuhe" genutzt.

ANKUNFT IN LEIPZIG

Wer zeitig zu Bett geht, ist meist auch zeitig munter. Um 6 Uhr sieht das linke Bein nicht gut aus. Oberhalb des inneren Knöchels ist die Wade rot. Ist das Wundrose oder gar ein Zeichen für Blutvergiftung? Die Entscheidung ist umgehend gefallen, ich fahre heim. Laufen bis Leipzig wäre unverantwortlich. Schließlich möchte ich das Bein behalten und nicht amputieren lassen.

Ganz ohne Laufen geht es aber doch nicht. So gehe ich zum Bahnhof. Dabei versuche ich im Berufsverkehr ein Auto anzuhalten. Die gibt es zahlreich, da viele Leute im idyllischen Villenvorort Machern wohnen und im großen Leipzig arbeiten. An einer Ampelkreuzung sind alle zum Halten gezwungen. An einem Auto mit Hallenser Kennzeichen klopfe ich an die Scheibe und darf mitfahren. Der Fahrer wohnt in Machern und arbeitet als Filialleiter in Halle.

Wir unterhalten uns auch über den Jakobsweg, der ihm nicht ganz fremd ist, allerdings der in Spanien. Der sächsische Jakobsweg war ihm nicht bekannt, obwohl er direkt daran wohnt. Doch wer weiß in Sachsen schon, wo nur jeder Fünfte Christ ist, von der Bedeutung der Jakobsmuschel und wer nimmt die kleinen Wegmarkierungen überhaupt wahr?

Der Fahrer ist nett und macht einen kleinen Umweg, indem er nicht die erste Autobahnauffahrt nach Halle nimmt. Bei der zweiten Auffahrt, an der es eine Straßenbahnlinie gibt, steige ich dankbar aus. Vier Kilometer sind es nach Hause. Da es noch zeitig ist und ein wunderbarer Morgensonnenschein lockt, entschließe ich mich, dieses letzte Stück nicht zu fahren, sondern zu laufen. Dabei sind die Fußbeschwerden fast vergessen.

Daheim stelle ich mich mit Kleidung und Rucksack auf die Waage. Bei einem Komplett-Gewicht von 79 Kilogramm kann ich nicht allzu viel abgenommen haben. Nach dem Kleidungswechsel setze ich mich auf das Fahrrad und fahre zu meiner Hausärztin, die zum Glück schon ab 7 Uhr Sprechstunde abhält. Wie leicht und schnell komme ich doch mit dem Rad voran!

Die Ärztin ist entsetzt über die fortgeschrittene Wundrose und rügt mich, dass ich nicht früher gekommen bin. Sie verarztet die Wunde und legt einen Spezialverband an. Dann erhalte ich eine überfällige Tetanusimpfung, die ich schon vor geraumer Zeit hätte erneuern müssen. Schließlich wird ein Antibiotikum verschrieben und für das Bein Ruhe, Ruhe und nochmals Ruhe. Am nächsten Tag bin ich wieder bestellt. Da wird der Verband gewechselt, und es werden Verhaltensregeln für die nächsten Tage gegeben. Anstatt zu wandern liege ich bis Sonntag meist, um das Bein zu schonen.

Von Görlitz bis Machern bin ich in fünf Tagen 207 Kilometer gelaufen. Das ist nahezu jeden Tag ein Marathonlauf, manchmal mehr, manchmal weniger. Nimmt man die 15 Kilometer am Abreisetag nach Görlitz und die fünf Fuß-Kilometer von Machern bis nach Hause hinzu, waren es noch 20 Kilometer mehr. Für mich ist das viel. Wenn ich aber daran denke, dass früher Soldaten mit Stiefeln und vollem Gepäck Gewaltmärsche von 60 Kilometern am Tag machten, relativiert sich das stark. Wenn ich gar an die Extremsportler von heute denke, kann man ganz bescheiden werden. Beim Ironman-Triathlon schwimmen die Sportler knapp 4 Kilometer, fahren rund 180 Kilometer Fahrrad und laufen dann noch einen Marathonlauf von reichlich 42 Kilometern. Die Besten, die Allerbesten schaffen das in weniger als acht Stunden.

Ich überlege auch, was gewesen wäre, hätte es am ersten Wandertag nach Bautzen nicht so stark geregnet. Dann hätte ich die Schuhe am nächsten Tag nicht trocknen müssen und wieder anziehen können. Dann hätte ich wahrscheinlich am zweiten Tag keine Blase bekommen, wäre vielleicht heil zu Fuß in Leipzig angekommen. *Hätte, Wenn und Aber ist alles nur Gelaber,* habe ich mal gelesen. Die Realität war anders.

Gott sei Dank ist es aber auch Realität, dass ich am Montag halbwegs fit bin. Ich fahre mit dem Fahrrad stellenweise auf dem Jakobsweg in die Innenstadt und kann wieder wie geplant arbeiten.

LÄNGERES ZWISCHENSPIEL

Doch mit des Geschickes Mächten ist kein ewger Bund zu flechten, und das Unglück schreitet schnell. So heißt es in Schillers Lied von der Glocke.

2009 war für mich beruflich relativ hart. Als das Jahr zu Ende ging, merkte ich hier ein Wehwehchen, dort und da die eine oder andere Unpässlichkeit. Eine Untersuchung zu Beginn des Jahres 2010 blieb ohne Befund. Irgendwann fiel das Laufen schwer, bald ging das gar nicht mehr. Ich verabschiedete mich von den Arbeitskollegen und ließ mir eine Überweisung ins Krankenhaus geben. Dort wies ich daraufhin, dass ich schon einmal Krebs Stufe 4 hatte, und vermutete, dass er zurück ist. Viel geschah am Tag der Einlieferung außer

Warten nicht. Am Abend wurde jedoch der Lendenwirbelbereich geröntgt. Als mir das Bild gezeigt wurde, dachte ich: *O Gott!* Der rechte Kreuzbeinkamm war zerbröselt und ähnelte einer Korona. An zwei demolierten Lendenwirbeln begann entlang des Ischiasnervs ein größeres dunkles Etwas, offensichtlich eine Geschwulst. So konnte man freilich nicht mehr laufen. Das war aber bei weitem nicht alles, was man nachfolgend an Anomalien feststellte. Es gab über Wochen vielfältige Untersuchungen, immer wieder neue, teilweise recht aufwändige. Indes wurde mein Befinden noch schlechter, so dass ich mir schon einen Platz in einer Palliativstation reserviert hatte. Vor dem Sterben hatte ich keine Angst, wohl aber vor einem langen Dahinsiechen. Die Patientenverfügung handschriftlich zu erstellen, war inzwischen ein wahnsinniger Kraftakt.

Ich verabschiedete mich mit einem im Februar vorbereiteten Gruß, der später von einer Kollegin per E-Mail an Arbeitskollegen und Freunde geschickt wurde, nicht mit *Auf Wiedersehen*, sondern mit dem auf Adiós und Adieu zurückgehenden Tschüss: *Machen Sie's, macht's alle gut! Tschüss! Cheerio! Adieu! Aloha! Viszontlátásra! Do widzenia! Adiaŭ! Tot ziens! ¡Adiós! Adjö! Čau! Ciao! Ade! Ad deum! ...*

Irgendwann begann in einem anderen Krankenhaus die Chemotherapie – erfolgreich. Später erzählte mir der behandelnde Onkologe einen Witz, den ich hier wiedergebe: *Der Krankenhausbesucher wendet sich zuerst an den Arzt. Der fragt, ob er dem Besucher zuerst die gute oder die schlechte Nachricht übermitteln soll. Zuerst die gute. Wir haben keine Aufwendungen gescheut. Mit neuesten wissenschaftlichen Verfahren, mit den modernsten technischen Geräten und mit langwierigen Untersuchungen haben wir eine überaus präzise Diagnose erstellt. Nun die schlechte Nachricht. Leider ist der Patient gestern verstorben.* Mir wurde gesagt, hätte die Chemotherapie zwei, maximal vier Wochen später begonnen, hätte ich nicht überlebt.

So lebte ich, war anerkannter Pflegefall, geh- und schwerbehindert. Durch die Chemotherapie waren die Nerven in den Beinen abgestorben. *Gefühle brauchen etwas länger*, versicherte mir die Physiotherapeutin, die mir helfen sollte, die Nerven wieder zu reaktivieren.

Die nach meinem Renteneintritt im Sommer 2010 geplante Fortsetzung des Jakobsweges über Erfurt nach Vacha war passé. Wenn ich denn überhaupt wieder laufen kann und nicht Dauerpflegefall bleibe, war mein Wunschdenken!

Nach langer Zeit konnte ich mit Krücken humpeln, noch viel später ohne Krücken. Die konnte ich dann in die Ecke stellen. Pflegefall war ich keiner mehr. Gott sei Dank! *Und sieh! ihm fehlt kein teures Haupt,* heißt es ebenfalls in Schillers Glocke. Auch mein Haupt war Ende 2010 noch nicht unter der Erde. Es kam sogar ein neues Haupt dazu, ein weiteres Enkelkind wurde geboren. Ein Zeichen der Hoffnung!

KIRCHE KLEINLIEBENAU – KLEINE WUNDER

Nicht nur Menschen können genesen, auch Bauwerke können wiedererstehen. Als ich vor Jahren am Jakobsweg von Leipzig nach Merseburg lief, kam ich vor der Grenze nach Sachsen-Anhalt durch Kleinliebenau mit seiner ruinösen ehemaligen Rittergutskirche. Die spätbarocke Kirche mit Vorgängern aus dem 14. Jahrhundert wurde nach 1945 durch die Bodenreform kommunales Eigentum. Durch die Gebietsreform im Jahr 2000 wurde sie Eigentum der Stadt Schkeuditz. Diese verkaufte die Kirche im Sommer 2005 an einen Leipziger Religionslehrer zum symbolischen Preis von 1 Euro, aber mit der Auflage zur denkmalgerechten Sanierung. Im selben Jahr wurde der Kultur- und Pilgerverein Kleinliebenau e.V. gegründet. Er stellte sich zwei Ziele, nämlich die Sanierung der Kirche und gleichzeitig deren Wiederbelebung als kulturelle und geistliche Begegnungsstätte. Der Verein vollbrachte dabei einige kleine Wunder. Er unterhält auch eine Internetseite, wo der weitere Werdegang unter www.kulturpilger.de dokumentiert ist:

Ein erstes Konzert fand in der Kirche zu Pfingsten 2006 mit der extra dafür gegründeten Capella Via Regia statt. Inzwischen finden hier meist zwischen März und Dezember regelmäßig Kulturveranstaltungen wie Benefizkonzerte und Gottesdienste statt.

Die bauliche Erneuerung begann 2007 mit der Sanierung des Kirchturms. 2008 wurden das Kirchenschiff und die Glockenstuhlebene saniert sowie die Bleiglasfenster restauriert. 2009 folgte die Erneuerung der Außenfassade. 2010 wurden im Kircheninneren Fußboden und Wände restauriert, 2011 Orgelempore, Treppe und Blasebalgraum. 2012 schließlich konnte die restaurierte Orgel wieder genutzt werden. Zuvor wurde als Quartier für die Pilger am Jakobsweg ein Anbau an der Kirche realisiert, der im Mai 2009 eröffnet wurde.

Die sanierte Kirche in Kleinliebenau

Kircheninneres mit Altar

Auch an andere Gäste wurde gedacht, im Kirchturm sind in zwei Nistkästen Turmfalken und Eulen beheimatet. Daneben kann die in Leipzig gegossene und neu aufgehängte Glocke mit der Aufschrift GOTT LOP EHR UND PREIS die Einheimischen und Pilger akustisch grüßen.

NACHTRAB VON MACHERN NACH LEIPZIG

Wenn man mich 2010 fragte, wie es mir geht, war ich wenig glücklich. Wenn man mir 2012 diese Frage stellte, antwortete ich: Erstaunlich gut. Ich war zwar immer noch gehbehindert, Pflegefall war ich aber schon ein Jahr nicht mehr. Sehr mühsam hatte ich wieder den aufrechten Gang gelernt, der den Leipzigern Ende 1989 vergönnt war. Erst halfen zwei Krücken, später ging es ohne sie. Mit fleißigem Üben erweiterte ich meinen Aktionsradius. Erst war ein Gang mit Unterstützung zur fünf Meter entfernten Gartenbank ein Erfolg. Im Sommer 2012 hatten sich meine Nerven in den Beinen soweit regeneriert, dass ich kleine Wanderungen von 10 Kilometer Länge schaffte. Danach war ich zwar auch geschafft, aber glücklich.

Im Mai 2013 kam der Frühling mit voller Macht. Die beste Zeit im Jahr ist Mai'n, so heißt es nicht nur in dem Volkslied aus dem 16. Jahrhundert. So war das auch in diesem Jahr, zumindest am Anfang des Monats. Mit einem Schlag blühte und grünte alle Natur. Die Vögel überboten sich mit ihrem Gesang. Alles lockte ins Freie. So ließ auch ich mich locken.

Ich füllte meinen Rucksack, den von der Wanderung im August 2008, mit zwei dicken Büchern als Ballast und lief eines Nachmittags in die Innenstadt und zurück. Die reichlich 10 km in zweieinhalb Stunden machten keine übergroße Mühe. Am nächsten Tag steigerte ich die Entfernung und füllte den Rucksack zusätzlich mit Sandalen und etwas Proviant. Ich lief von der Wohnung nach Norden, wo sich mit dem BMW-Werk ein Stück blühende Industrie-Landschaft auf einem Areal von rund 2 km^2 befindet, das noch fleißig ausgebaut wurde. Halb 9 Uhr zog ich los und versprach, um 12 Uhr wieder zu Hause zu sein. So setzte ich mich unnötig unter Druck. Nachdem ich mir vorgenommen hatte, um das Werk herum zu laufen, wurde die Zeit knapp. Pausen mussten gestrichen werden. Mit fünf Minuten Verspätung kam ich daheim an. Die rund 18 Kilometer waren in dreieinhalb Stunden geschafft. Ich fragte mich aber, warum ich schon wieder so viel Hektik machte. Nach dem Mittagessen und einer Pause folgte am Nachmittag noch ein geruhsamer Spaziergang von 5 Kilometern. Das war ein Beweis, dass ich auch 20-Kilometer-Strecken am Tag bewältigen konnte.

Am Folgetag musste ich eine Verwandte früh mit dem Auto zum Bahnhof fahren. Da war die Idee geboren, das Auto dort stehen zu lassen, sich in den Zug nach Machern zu setzen und den Jakobsweg von dort zu Fuß nach Leipzig zu laufen. Das war mir 2008 am Ende der Tour von Görlitz nach Leipzig nicht vergönnt. Laut Pilgerführer sind es von Machern nach Leipzig/Ortseingang 11,3 km und dann noch mal 9 km bis Leipzig/Mitte. Wenn ich das schaffte, hätte ich den Jakobsweg Via Regia in Sachsen komplett zu Fuß geschafft!

Im Leipziger Süden steht am Wolfswinkel ein Denkmal, das daran erinnert, dass dort 1720 die letzten Wölfe gesehen wurden. Wenn ich nicht irre, stand dort mal, dass dort die letzten Wölfe erschossen wurden. Das ist aber nicht mehr opportun. Bevor ich am nächsten Morgen losfahre, lese ich in der Zeitung, dass wahrscheinlich die Wölfe wieder in Leipzig sind – ein Schaf ist gerissen worden. Wie 2008 in der Lausitz kann man also auch hier nicht mehr sicher sein. Dennoch fahre ich am Morgen zum Bahnhof und kaufe als ungeübter

Bahnfahrer am Automaten mit einiger Mühe einen Fahrschein, der immerhin 4 Euro kostet. Kurz nach 7 Uhr fährt der Zug los Richtung Osten. Die Strecke durch Leipzig ist ziemlich trist. Vieles links und rechts ist von Verfall geprägt. Ganz anders als die blühenden Landschaften entlang der Autobahn. Es wird höchste Zeit, dass mit Leipzigs City-Tunnel auch das gesamte Bahnnetz samt Umfeld erneuert wird, denke ich. Sollte Leipzig wie in den letzten beiden Jahren Einwohnergewinne von je rund 10 000 erzielen, könnte das bald Realität werden. Noch ist es aber erst hübsch, wo die Landschaft sich öffnet. Dort lachen mich goldige Rapsfelder an. Nach 20 Minuten Fahrzeit steige ich in Machern bei herrlichem Sonnenschein aus und gehe die wenigen Meter Richtung Kirche, hoffend, dort eine Jakobsmuschel als Wegweiser zu finden. Da ist keine zu sehen. So nötige ich einen Schuljungen, seine Kopfhörer aus den Ohren zu nehmen, und frage ihn nach dem Jakobsweg. Der weiß von nichts und geht weiter. So zücke ich aus dem Rucksack meinen Pilgerführer und sehe, ich muss mich in Richtung des 172 Meter hohen Sorgenbergs begeben. Dass es im noblen Villenvorort einen Sorgenberg gibt, verwundert mich. Aber es gab früher ja auch andere Zeiten, woran beispielsweise der dortige Bunker der DDR-Staatssicherheit erinnert, der heute Museum ist.

In Machern geht der Jakobsweg am Golfplatz vorbei.

Nach wenigen Metern erfreut eine Jakobsmuschel meinen Blick, jetzt bin ich auf dem richtigen Weg. Der führt zunächst zum GCC Leipzig, zum Golf & Country Club Leipzig. Es gibt also nicht nur das Schloss mit dem berühmten Romantik-Schlosspark in Machern. Flächenmäßig ist der Golfplatz größer als der Schlosspark und wohl noch besser gepflegt. So viele Landschaftspfleger wie auf dem Golfplatz hatte ich im Schlosspark noch nie gesehen, vielleicht auch nur, weil die Bäume dort die Sicht einschränkten. Jedenfalls ist der Golfplatz ein Hingucker, wo es nicht nur Wiese und Sandlöcher gibt. Es gibt hier sogar eine Kirche, wenn auch nur eine kleine Holzkirche zum Spielen für die Kinder.

Hinter dem Golfplatz beginnt der grüne, grüne Wald, wo alle Vöglein singen. Und das aus voller Kehle. Es ist ein Tag, an dem man versteht, dass die Altvorderen den Mai als Wonnemond oder Wonnemonat priesen. In Gedanken preise ich mit.

Der Weg geht in einigen Biegungen und mündet bald am Waldesrand. Dort kommen mir zwei Damen in Sportkleidung schnellen Schritts entgegen. Man grüßt sich und geht seines Wegs. Ab und zu hat man einen Blick auf die Hochhäuser der entfernten Stadt Leipzig. Die vielen Autos südlich zeigen den

Links die Kirche Leipzig-Sommerfeld, mittig das Leipziger Zentrum

Verlauf der Bundesstraße 6. Auf dem unebenen Feld- und Wiesenweg muss ich aber meist nach unten schauen, um nicht zu stolpern oder gar zu stürzen. Ich versuche dennoch, so gut es geht, den Tunnelblick zu vermeiden. Dafür sind der Tag und der Jakobsweg viel zu schön.

Nach eineinhalb Stunden nähere ich mich einer kleinen Siedlung. Am Ortseingang von Cunnersdorf hole ich aus dem Rucksack meinen Sonnenhut, setze ihn auf und gönne mir eine der eingepackten Birnen. Von hinten nähern sich zwei Damen flotten Schritts. Es sind die Beiden von vorhin, die sich jetzt offenbar auf dem Rückweg befinden. Sie grüßen wieder, als hätten wir uns nicht eben schon gesehen. Warum nicht. Sie zeigen mir, bewusst oder unbewusst, wo ich langgehen muss, da sie den Jakobsweg begehen. Und das nicht nur bis Cunnersdorf, sondern bis zum nächsten Dorf Panitzsch. Das grüßt mit vielen neuen und schmucken Häusern, die zum guten Teil während der Suburbanisierung nach 1990 entstanden, wo viele Leipziger sich ihren Traum vom Eigenheim im Umland verwirklichen wollten.

Das bemerkenswerteste Gebäude des Ortes ist jedoch die Kirche auf einem Hügel, deren weißer Turm von weitem grüßt. Diese Kirche ist eine der drei romanischen Apostelkirchen, die alle in der Nähe des Flüsschens Parthe auf einem Fels oder kleinen Berg stehen; in Beucha, Panitzsch und Leipzig-Thekla.

Nachdem ich Panitzsch hinter mir gelassen habe, komme ich nach kurzem wieder nach Panitzsch - in die Dreiecksiedlung. Die liegt unmittelbar östlich der Autobahn A14 und damit unmittelbar vor der Leipziger Stadtgrenze. Etwa hier ist die Hälfte der Strecke absolviert. Zehn Kilometer sind es noch bis zur Stadtmitte.

Hinter der Autobahn beginnt Leipzig, das ich kurz nach 10 Uhr erreiche. Am Ortseingangsschild steht Engelsdorf, dessen nördlicher Teil Sommerfeld heißt. Hier bin ich zunächst etwas irritiert, da ich an einem Laternenmast links der Straße gleich vier Jakobswegschilder sehe.

Das oberste ist für Radfahrer und auf dieser Strecke eine Ausnahme. Darunter ist ein mit Schablone gemaltes, wiederum darunter ein neueres, gedrucktes Zeichen. Ganz unten ist der Hinweis auf eine Pilgerherberge mit ergänzendem Pfeil nach rechts. Gilt der nur für die Herberge? Das auf der rechten Straßenseite befindliche nächste Schild lässt mich nach rechts gehen. Vor mir ist die gut restaurierte evangelische Kirche von Leipzig-Sommerfeld. Davor auf der anderen Straßenseite steht ein altes Haus, das dringend auch mal renoviert werden müsste. Es stellt sich als Pfarrhaus und als Pilgerherberge heraus. Das ist die einzige in meinem Pilgerführer für Leipzig ausgewiesene Pilgerherberge! Es gibt aber in der Stadt noch andere Unterkünfte, auch preiswerte.

Hinter der Kirche schwenkt der Jakobsweg nach links wieder auf die Hauptstraße, die früher mal die Bundesstraße 6 war und wohl dem Verlauf der Via Regia entspricht. Hier bin ich erneut irritiert, da ich keine Jakobsmuschel-Schilder mehr sehe. Wieder hole ich den Pilgerführer heraus und bin nun überzeugt, dass der Jakobsweg immer entlang der Hauptstraße führt, auch wenn er kilometerlang nicht oder sehr spärlich ausgeschildert ist.

Am Ende von Sommerfeld beginnt die Straßenbahn, auch das Paunsdorf-Center befindet sich hier. Da wurde nach einem Umbau die Verkaufsfläche auf 100 000 m^2 erweitert. Es soll (wieder) das größte Einkaufszentrum Deutschlands sein. Ich bin nun also richtig in der Großstadt angekommen.

Eigentlich wollte ich schon seit geraumer Zeit eine Pause machen, um mein eingepacktes Brötchen als zweites Frühstück zu verzehren und meine Schuhe gegen Sandalen auszutauschen. Bänke zum Hinsetzen sind aber Mangelware, schon seit Machern. Zum Glück gibt es aber an den Straßenbahnhaltestellen Wartehäuschen mit einer kleinen Bank. Vor dem alten Ortskern von Paunsdorf mache ich schließlich meine Pause, die ich meine, wohl verdient zu haben. Ich stärke mich und wechsle das Schuhwerk.

Dann geht es an der nicht enden wollenden Straße durch Sellerhausen, wo ich eine junge Frau mit Rucksack sehe, die Richtung Innenstadt geht. Ich frage sie, ob sie auf dem Jakobsweg unterwegs ist. Sie ist es nicht. So komme ich allein nach Volkmarsdorf. Hier im Bereich der Eisenbahnstraße merkt man, dass in Leipzig Menschen aus über 160 Ländern wohnen. Deutsch hört man hier ab und an auch. Dann ist es nicht mehr weit bis zur Innenstadt und zum Hauptbahnhof. Dort wartet mein Auto, das ich kurz nach 12 Uhr erreiche, erschöpft, aber glücklich.

Zieht man die Pause ab, war ich die 20 Kilometer von Machern nach Leipzig etwa viereinhalb Stunden unterwegs. Die fünf Kilometer nach Hause schaffe ich mit dem Auto dann in 10 Minuten. Auch schön, dass es Autos gibt.

Noch besser ist, dass ich den gesamten sächsischen Jakobsweg von der östlichen Landesgrenze in Görlitz bis an die Landesgrenze Sachsens westlich von Leipzig zu Fuß durchwandert habe.

TEIL 2

Am Leipziger Schwanenteich führen die Jakobswege Via Regia und Via Imperii entlang.

NEUSTART

Im Frühjahr 2013 hat meine Schwester in der Rhön einen runden Geburtstag. Da ihr Wohnort in der Nähe von Vacha ist, dem Endpunkt des Ökumenischen Pilgerwegs durch Sachsen, Sachsen-Anhalt und Thüringen, spiele ich mit dem Gedanken, den Weg zu gehen, zumindest den Versuch zu machen. Laut Pilgerführer sind ab Merseburg - bis dorthin war ich den Weg schon gegangen - bis nach dem an der Grenze zu Hessen gelegenen Vacha rund 200 km zu absolvieren. In meinem Pilgerführer von 2007 sind auf dem hinteren Einband folgende Etappen für das zweite Teilstück angegeben:

Merseburg-Frankleben 8 km
Frankleben-Lunstädt *7,2 km*
Lunstädt-Freyburg 12,5 km
Freyburg-Naumburg *8,5 km*
Naumburg-Roßbach 3,5 km
Roßbach-Punschrau 8,5 km
Punschrau-Eckartsberga *9,4 km*
Eckartsberga-Oberreißen 13,5 km
Oberreißen-Buttelstedt 5 km
Buttelstedt-Schwerstedt *4 km*
Schwerstedt-Ollendorf 9,5 km
Ollendorf-Erfurt *15 km*
Erfurt-Fürstenhof 10,5 km
Fürstenhof-Gotha *16,5 km*
Gotha-Hastrungsfeld *16 km*
Hastrungsfeld-Eisenach *15 km*
Eisenach-Oberellen *15,5 km*
Oberellen-Vacha *20 km*

Die teile ich grob ein in zehn Etappen entsprechend der von mir kursiv hervorgehobenen Kilometerzahlen. Die längste Strecke von Erfurt bis Gotha führt über 27 km, bei Bedarf kann ich sie teilen. Bei etwa zehn bis zwölf Tagestouren von jeweils rund 16 km und zwei Ruhetagen könnte ich die Strecke in zwei Wochen schaffen. Ein Versuch scheint es wert. Und wenn ich es nur bis Eckartsberga oder Erfurt schaffte, wäre das für mich keine Blamage, sondern bei meiner Alters- und vor allem Gesundheitsklasse auch ein Gewinn.

Diese zwei zusammenhängenden Wochen habe ich vor dem Geburtstag aber nicht, zudem ist es bis in den April hinein Winter. Es bleibt vorerst bei dem Gedankenspiel.

Für Juli reserviere ich reichlich zwei Wochen, indem ich dort alle Termine abblocke. Dann kommt in den Medien auch noch die Information, dass in Königsbrück eine Feier zum 10-jährigen Bestehen dieses Pilgerwegs im Beisein des sächsischen Ministerpräsidenten stattfindet. Wie der von Dresden nach Königsbrück kommt, ist nicht mein Problem. Nach dem Brand eines Lastkraftwagens im dortigen Autobahntunnel ist dieser für Monate gesperrt. Rückwärts auf dem inzwischen neu eingerichteten Jakobsweg von Bautzen über Dresden an der alten Frankenstraße Richtung Vogtland wird er wohl nicht laufen. Dieser neue sächsische Jakobsweg war sicher unbedingt erforderlich. Schließlich kann Leipzig nichts haben, was die Landeshauptstadt Dresden nicht ebenfalls hat. Immerhin sind an diesen Weg auch Freiberg, Chemnitz, Zwickau und Plauen angebunden. Im Vogtland gibt es noch einen zweiten Jakobsweg parallel zu dem an der alten Frankenstraße. Er führt auf der Alten Straße von Zwickau über Lengenfeld, Treuen und Oelsnitz nach Hof.

Aber die Leipziger sind auch erfinderisch. Schließlich lag Leipzig an der Kreuzung zweier Handelsstraßen, also auch an der Reichsstraße, der Via Imperii. Da zogen die Händler, Krieger und auch Pilger von Nord nach Süd und umgekehrt. Diese Handelsstraße wird als Jakobsweg wiederbelebt, soll von Stettin über Angermünde, Berlin, Lutherstadt Wittenberg nach Leipzig und dann über Borna, Altenburg, Zwickau, Plauen nach Nürnberg und weiter führen. Die ersten Jakobsmuschel-Zeichen sind an diesem Weg schon angebracht.

Eine Feier zum kleinen Jubiläum des Jakobswegs entlang der Via Regia ist sicher gut, das Wandern auf dem Weg aber wichtiger. Das bestärkt mich, den Neustart im Juli 2013 zu wagen.

VON MERSEBURG NACH FREYBURG

An einem Juli-Montag 2013 packe ich meinen Rucksack, den kleinen von der Tour im August 2008. Da meine Lendenwirbel seit der damaligen Wanderung auf dem sächsischen Jakobsweg nicht besser geworden sind, ist wiederum leichtes Gepäck erforderlich. Isomatte und Schlafsack oder gar ein Zelt scheiden aus. Mit einem großen Rucksack, wie man das von den Wanderern am spanischen Jakobsweg kennt, brauche ich gar nicht anzufangen. Mein gepackter Rucksack wiegt mit etwas Verpflegung samt Getränkeflasche rund 7 kg. Die Jacke passt nicht mehr hinein und hängt später samt Pilgerführer an einem Rucksackträger. In einer kleinen Bauchtasche sind eine Getränkeflasche, ein Fotoapparat und ein Minifläschchen mit Autan gegen die Mücken, die es sechs Wochen nach einer großen Flut mit vielen

Überschwemmungen reichlich geben soll. Hinzu kommt neben Sonnenbrille und Hut ein Schirm. Ich entscheide mich für meinen Stockschirm, den ich ebenfalls als Wanderstab benutzen kann. Auch habe ich ein einfaches Funktelefon, welches ich 2008 nicht hatte und vermisste. Man soll sich laut Pilgerführer in fast allen Pilgerherbergen anmelden. Zudem habe ich einen kleinen elektronischen Fotoapparat, weswegen ich mehr fotografieren kann als auf der Tour vor fünf Jahren.

Am Dienstagmorgen gehe ich zünftig wie ein Wandersmann gekleidet und auch so aussehend mit Schirm, Charme und anstelle der Melone mit Rangerhut zur Straßenbahnhaltestelle. Lange bin ich nicht mehr mit der Tram gefahren, da ich beispielsweise zum Bahnhof, wo auch die Busse abfahren, mit dem Fahrrad genauso schnell bin. Zusätzlich mache ich beim Radfahren etwas für die Gesundheit und spare auch noch Geld.

Der Bus nach Merseburg hält einige Male in Leipzig. Ich sitze vorn, damit ich gute Sicht habe. Hinter der sächsischen Landesgrenze gibt es noch mehr und noch größere Einkaufstempel als 2008. Der Bus fährt hier eine Schleife und hält gleich zwei Mal. Beim zweiten Stopp legt er eine kurze Pause ein. Draußen ist eine Frau, die auf die andere Seite will. Sie fragt den Fahrer, ob er sie dahin mitnimmt. Der verneint. Dann sagt er zu sich, so dass ich es mithören kann und wohl auch soll: Die Leute werden immer fauler. Die wissen gar nicht mehr, dass die Beine zum Laufen da sind. Und dann werden sie immer fetter. Unrecht hat er nicht. Ein Großteil der Deutschen ist übergewichtig, oft stark übergewichtig.

Nach einer Stunde Fahrt nähert sich der Bus Merseburg. Ich möchte kurz vor Burg und Dom aussteigen und versuchen, dort einen Pilgerausweis und einen ersten Stempel zu ergattern. Der Bus macht jedoch einen großen Bogen um den Burgberg. So entschließe ich mich, an einem größeren Teich auszusteigen, wo ich weiß, der Jakobsweg führt hier entlang. Die rund zwei Kilometer Fußweg zum Dom, die ich auch wieder zurück laufen müsste, schenke ich mir. So habe ich keinen Pilgerausweis und keinen Merseburg-Stempel. Die sind aber nicht entscheidend. Entscheidend ist der Weg. Manch einer behauptet sogar, der Weg ist das Ziel.

An dem Teich, dem Gotthartsteich, sehe ich sofort eine Jakobsmuschel am Wegesrand. Der Einstieg ist somit geschafft. Ich gehe am Teich entlang und komme zu einem Bachzufluss, wo ich später erfahre, es ist die Geisel. Gleich

In Merseburg geht der Jakobsweg am Gotthartsteich vorbei.

dahinter ist eine Wegebaustelle, wo ich am einzig verbleibenden Rundweg um den Teich weiterlaufe und die Jakobsmuschel am Wegesrand vermisse. Wieder an der Straße angekommen, frage ich Leute, die mir aber nicht weiterhelfen können, nach dem Jakobsweg. Schließlich gehe ich in die südwestliche Richtung, wo Grünanlagen sind und der Weg verlaufen müsste. Ich frage erneut eine ältere Dame. Die hat zwar schon mal was vom Jakobsweg gehört, weiß aber nicht, wo dieser verläuft: vielleicht im Südpark. Laut Pilgerführer müsste der Weg am Zoo vorbeigehen. Also gehe ich dorthin und stelle fest, er ist im Südpark. Da finde ich auch die Jakobsmuschel als Wegzeichen wieder. Eine Eintrittsgebühr für den Zoo wird nicht erhoben. Zusammen mit einer Schulklasse, die sich auf die Ferien einstellt, sehe ich vor allem heimische Tiere. Am Ende sind die Hirsche, von denen mir ein prächtiger 14-ender den letzten Gruß aus Merseburg nicht zuruft, sondern zublickt.

Danach geht der Zoo in eine Blumenwiese über, wo sich viele Schmetterlinge erquicken. Kurz darauf gehe ich über eine kleine Brücke, neben der erstaunlicherweise ein Pegel zu sehen ist. Der zeigt am Bach einen Stand von 70 cm, ähnlich breit ist er. Es ist die Geisel. Die ist Namensgeber für das Geiseltal und den Geiseltalsee, den größten See Sachsen-Anhalts.

Hinter dem Steg beginnt ein Wiesenweg mit hohem Gras. Hier muss ich wieder Pfadfinder spielen und mir einen Pfad selber trampeln. Wer weiß, wann hier der letzte Mensch vor mir gegangen ist. Endlich ist eine Straße in Sicht, doch zuvor biegt der Weg wieder zur Geiselaue. Es geht erneut durch das hohe Gras, bis endlich Bäume in Sicht kommen, der Weg zum Waldweg und somit besser begehbar wird. Dann wird der Weg zum Feldweg, und erste Häuser kommen in Sicht. Es ist vor allem ein großer Landwirtschaftsbetrieb. Ich bin mir nicht sicher, ob es mehr nach Gülle oder mehr nach Silage riecht. Dann sehe ich das Ortsausgangsschild von Beuna und die Brücke über die Autobahn A 38, die auch im Süden Leipzigs vorbeigeht. Es ist nicht mehr weit bis zur Zwischenetappe in Frankleben. Ich befinde mich mitten im Braunkohlen-Sanierungsgebiet mit Geiseltalsee, Runstedter See und Großkaynaer See. Ich staune, wie sich Frankleben herausgeputzt hat und offenbar Wohnort für einige in Merseburg oder Halle Arbeitende geworden ist.

Dann habe ich die Wahl, ob ich die Hauptvariante des Jakobsweges laufe oder eine ausgeschilderte Nebenvariante, die auf einem neuen Radweg verläuft und sicher gut zu begehen ist. Ich bleibe auf dem Hauptweg und werde mit einem Blick auf das fast fertig sanierte Schloss von Frankleben belohnt. Dann komme ich zu einem maximal 200 Meter breiten Engpass zwischen Geiseltal- und Runstedter See. Hier verlaufen laut einer Karte am Wegesrand an beiden Seen jeweils ein Radweg, dazwischen eine Eisenbahnlinie, der Geiselbach und eine viel befahrene Straße. An der verläuft zunächst der eine Radweg, der auch Jakobsweg ist. Er biegt aber dann Richtung Großkayna ab und führt anschließend am Großkaynaer See entlang. Dort mache ich mangels einer Bank an der Böschung eine erste Rast mit Blick auf den See. Ein Wasserbad der Füße ist nicht drin, ein Luftbad wohl. Die Füße muss ich sehr pfleglich behandeln. Wenn die Probleme machen, ist der gesamte weitere Weg in Gefahr.

Schließlich gehe ich weiter durch hügeliges Land, zunächst durch Wald, dann durch Felder Richtung Lunstädt, meinem Tagesziel. Das ist am Weg aber nicht ausgewiesen, sondern der westliche Nachbarort Roßbach. Es ist ein anderes Roßbach als das bei Naumburg und liegt südlich von Braunsbedra. Früher irritierte mich das immer mal. Als der Jakobsweg die Straße zwischen Roßbach und Lunstädt erreicht hat, biege ich nach Lunstädt ab. Da niemand außer mir in der Mittagshitze auf der Straße läuft, halte ich ein Auto an. Der

Fahrer sagt mir, dass es im Ort eine Pension gibt, und weist mir den Weg. Ganz so klein ist das Dorf dann doch nicht, so dass ich ein Stück weiter ein anderes Auto anhalte, wo mir gesagt wird, die Pension ist gleich da vorn. Sie macht wie das ganze Dorf einen freundlichen Eindruck und ist frisch saniert. Ich klingele an der Tür. Während ich warte, lese ich einen Text, den ich bereits von anderswo kenne: *Wir sind meistens um 9 oder 10 Uhr da, manchmal schon um 8, aber auch mal erst um 11 Uhr. Wir gehen ungefähr um 15–16 Uhr – manchmal schon um 14 Uhr. Manche Tage oder Nachmittage sind wir überhaupt nicht hier, aber in letzter Zeit sind wir fast immer da.*

Auch auf ein zweites Klingeln reagiert niemand. Da es einen begrünten Hof mit Sitzgelegenheiten gibt, setze ich mich frohen Mutes und bereite mit ausgezogenen Schuhen auf einer schattigen Bank den Abspann des Tages vor. Da jemand eine Zeitung hatte liegen lassen, mache ich nach Speis und Trank, die ich mitgebracht habe, eine Zeitungslektüre. Nach längerer Zeit kommt jemand, nicht die Wirtin. Es ist ein Gast, der mir versichert, dass man hier gut nächtigen kann und die Preise vertretbar sind. Er empfiehlt mir, auch mal an der Wohnungstür zu klingeln, was ich nachfolgend mache - wiederum erfolglos. Der Hinweis des Gastes, die Pension könnte sehr wohl ausgebucht sein, bringt mich aber zunehmend ins Grübeln. Bis zum nächsten Dorf sind es rund drei Kilometer. Der Ort ist so klein, dass es wahrscheinlich keine Herberge oder Pension gibt. Dann kommt ein langer Weg durch Landschaft bis Freyburg. Insgesamt sind das nach meinem Pilgerführer 12,5 Kilometer.

Da es noch vor 15 Uhr ist, ich noch ganz gut drauf bin und nicht im Freien übernachten möchte, begebe ich mich wieder auf die Walz. Zunächst muss ich erst mal wieder auf den Jakobsweg. Der wird mir von einem Mann gewiesen, der mir gleich noch etwas Wasser anbietet, was ich aber nicht brauche. Ein Stück weiter spricht mich ein anderer Mann an, wie weit ich denn heute noch wolle. Ich frage zurück, ob er eine Herberge in Pettstädt, dem nächsten Ort, kennt. Als er verneint, sage ich, ich gehe bis Freyburg. Kaum habe ich das gesagt, sehe ich einen Hinweis auf eine Pilgerherberge, die in meinem Pilgerführer nicht verzeichnet ist. Um mich nicht selbst Lügen zu strafen, marschiere ich weiter auf einer wunderbar ausgebauten Straße mit separatem Fußsteig. Sie endet am Ortsausgang und geht in einen breiten holprigen Feldweg über, den ich rund einen Kilometer bis zur Bundesstraße B 176 laufen muss. Ich bin an der Grenze vom Saalekreis zum Burgenlandkreis. Wieso sollen die

Verantwortlichen im Burgenlandkreis dieses Stück Verbindungsstraße zu einem Ort im Saalekreis ausbauen?

Einige Meter muss ich auf der Bundesstraße laufen, um dann auf die Straße nach Pettstädt abzubiegen. Hinter dem Ort geht der Jakobsweg scharf rechts ab. Geradeaus würde ich nach Goseck gelangen mit dem etwa 7000 Jahre alten Sonnenobservatorium, das vor einigen Jahren rekonstruiert wurde. Rund 20 km nordwestlich ist Nebra, wo die berühmte rund 4000 Jahre alte Himmelsscheibe gefunden wurde, die seit kurzem zum Weltdokumentenerbe gehört. Ich befinde mich also auf uraltem Siedlungsgebiet.

Da es das letzte Stück ständig bergauf ging, laufe ich jetzt auf einer Art Höhenweg in 200 Meter Höhe zwischen Feldern und habe weite Sicht, was mich wieder fröhlich macht. Entlang des Wegs stehen sechs große Windräder. Das Brummen der Rotor-Flügel stört mich weniger. Deren bewegliche Schatten, die immer auf den Weg und auf mich treffen, sind unangenehmer. Als ich am sechsten und letzten Windrad angelangt bin und immer noch keine Bank am Wegesrand war, setzte ich mich auf die Stufen, die zur Windradtür führen, um meine zweite mitgebrachte Birne zu essen. Als ich da sitze, rumpelt und

An sechs Windrädern vorbei geht es zur Neuenburg oberhalb von Freyburg.

pumpelt es im Inneren des Mastes, dass ich mich frage, ob ich neben einer Tiefdruckpresse sitze. Das ist mir unheimlich, und ich ziehe alsbald weiter, zumal ich noch rund sechs Kilometer vor mir habe.

Die Betonpiste ist zu einem holprigen Wiesenweg geworden. Der führt dann in einen Wald und nach weiteren zwei Kilometern wieder heraus. Bis zur Neuenburg ist es nicht mehr weit. Sie thront über Freyburg und war neben der Wartburg zur Zeit der heiligen Elisabeth die wichtigste Burg der Thüringer Landgrafen. Auch Elisabeth weilte hier, wohl auch in der berühmten romanischen Doppelkapelle in zwei Etagen. Aber das weiß ich von früheren Besuchen, heute interessiere ich mich vor allem für eine Unterkunft. Oben am Burgberg das 4-Sterne-Hotel lasse ich rechts liegen. In einer Herberge neben dem Bergfried rührt sich keiner. So gehe ich an der Neuenburg, einer der staatlichen Burgen und Schlösser Sachsen-Anhalts, hinab nach Freyburg.

In der Weinstadt Freyburg mit der in Deutschland führenden Sektkellerei versuche ich zuerst in Nähe der Unstrut in einem kleinen Hotel unterzukommen, an dem Herzlich willkommen steht. Da ist aber nur eine Telefonnummer, nach deren Anwahl sich ein Partnerhotel meldet. Eine Pension auf der anderen Straßenseite scheint auch nicht in Betrieb zu sein.

In der Neuenburg über Freyburg weilte auch die heilige Elisabeth.

So gehe ich weiter und begegne dreimal dem Turnvater Jahn, der hier wirkte und verstorben ist: bei seinem Museum, bei der alten, aber modernisierten Turnhalle und bei seinem Denkmal. Zweimal lese ich seinen Leitspruch *Frisch, frei, fröhlich, fromm*. Der ist auch ganz passend für die Wanderer auf dem Jakobsweg. Von frisch kann bei mir allerdings keine Rede mehr sein, nachdem ich heute etwa 30 Kilometer in den Beinen habe.

Bei weiteren zwei Unterkünften habe ich ebenfalls kein Glück, bis ich in einer Gaststätte mit Pension den Wirt und Herbergsvater antreffe. Als einziger Gast werde ich zuvorkommend empfangen, begebe mich erst einmal auf mein Zimmer, gehe unter die Dusche und lege anschließend für eine halbe Stunde die Beine hoch. Dann habe ich vor allem Durst und gehe in die Gaststätte, diesen zu stillen. Der Wirt erzählt, dass er das Haus 1990 für 50 000 DM erwarb und für 300 000 DM sanierte.

Da kein Eigenkapital da war, alles auf Kredit. Diesen konnte er erst kürzlich in einem Kraftakt komplett tilgen. Er hat früher mit einem älteren Partner auch Musik gemacht. Nachdem der mit fortschreitendem Alter *immer mal daneben gegriffen hat,* war das vorbei. Jetzt musiziert er nur noch in Ausnahmefällen, so bei dem demnächst stattfindenden Klassentreffen. Das findet diesmal im Berchtesgadener Land statt, wohin es eine ehemalige Mitschülerin verschlagen hat. Er ist zum Glück wieder einigermaßen fit, nachdem er sich letzthin bei der Gartenarbeit den Meniskus beschädigte. Seine Lehre aus der Geschichte: *Traue nie einem Arzt, frage immer einen zweiten!* Ich erfahre, dass die Flut vor sechs Wochen auch einige ufernahe Häuser in Freyburg und den Unstrut-Radweg überspült hatte. Jetzt bleiben die Touristen aus, obwohl wieder alles in Ordnung ist. Und wann ich morgen Frühstück haben möchte, denn morgen ist Ruhetag, und er wohnt nicht im Haus. Unter den Bedingungen erspare ich dem Wirt, nur wegen mir ins Hotel zu kommen, wodurch ich 5 Euro spare. Die soll ich morgen am Markt bei einer bestimmten Bäckerei ausgeben, die einen Imbiss hat. Schließlich gehe ich in mein Zimmer, lege mich aufs Bett und bedenke den vergangenen Tag. Er hat mir einige Lehren erteilt:

- Die Übernachtung am folgenden Abend im benachbarten Naumburg-Roßbach, wo ich Jugend- und auch Erwachsenen-Erinnerungen auffrischen wollte, kann ich wegen der Kürze des Weges vergessen. Damit ist auch meine gesamte Tourenplanung hinfällig, muss von Tag zu Tag neu bedacht werden.

- Mein Gehvermögen ist besser als gedacht, weshalb ich Strecken um 25 Kilometer einplanen kann. Mehr als 30 Kilometer sollten es aber nicht sein.

- Die Übernachtungsmöglichkeiten warten nicht auf mich. Eine passende zu finden, kann mit einigem Aufwand verbunden sein.

- Den Umweg des ausgeschilderten Jakobsweges über Naumburg und von dort nach Roßbach am nächsten Tag laufe ich nicht, zumal ich nicht weiß, ob die Saale-Fähre nach der Flut wieder in Betrieb ist. Ich sollte es direkt von Kleinjena über Roßbach bis nach Eckartsberga schaffen. Dort ist im Pilgerführer eine Herberge ausgewiesen.

NAUMBURG UND ROSSBACH

In Roßbach, das jetzt Ortsteil von Naumburg ist, gibt es seit langer Zeit ein katholisches Jugendhaus St. Michael. Die Lage am Hang mit Blick über die Saale auf Naumburg mit seinem berühmten Dom ist fantastisch. Meine erste Erfahrung mit diesem Heim machte ich als Student, als wir von der Studentengemeinde dort eine Rüst- oder Freizeit hatten. Genaueres weiß ich davon nicht mehr. Gleichwohl kann ich mich sehr gut erinnern, wie wir morgens geweckt wurden. Am Flur wurde eine Schallplatte abgespielt. Man hörte eine glasklare Stimme, die wie das Singen eines Engels im Himmel war. Ich fand es himmlisch. Diese Stimme finde ich seitdem immer noch toll, die Stimme von Joan Baez. An Platten von ihr kam ich leider erst viel später heran, nachdem die DDR zu Ende war.

Eine weitere wichtige Erinnerung an Naumburg und Roßbach liegt nun auch schon über vierzig Jahre zurück. Für eine Trauung möchte man in der Regel eine schöne Kirche und eine Feierstätte in der Nähe.

Dafür bot sich der berühmte Naumburger Dom mit den vier unterschiedlichen Türmen an, zwei romanisch und zwei gotisch. Die Stifterfiguren bilden Trauzeugen. Im Roßbacher St.-Michaels-Heim kann man feiern und hat auch genügend preiswerte Übernachtungsmöglichkeiten. Ich fragte dort an: Ich schreibe auf grünem Papier, da wir die Hoffnung haben, unsere Trauung bei Ihnen feiern zu können. Wir durften! Auch durften wir im Dom die Trauung vollziehen, eine ökumenische Trauung mit dem Leipziger katholischen Studentenpfarrer und dem Naumburger evangelischen Dompfarrer. Kurz nach

Der Naumburger Dom im Jahr 2011

dem Konzil war das möglich. Die Gestaltung des Gottesdienstes erfolgte weitgehend in eigener Regie. Ein Kommilitone, der evangelische Theologiestudent Helmut Scholz, hatte ein Credo verfasst, welches wir in die Liturgie einbauten und unter den Augen von Uta, des Meißner Landgrafen Ekkehard und denen der anderen Stifterfiguren als Brautpaar vorlasen. Es hat sicher auch heute noch seine Berechtigung:

Ich glaube, dass es Liebe gibt. Denn nur so kann ich die Schöpferkraft und Allmacht Gottes täglich neu begreifen.

Ich glaube, dass es Liebe gibt. Denn nur so wird mir Jesus Christus verständlich: Er heilt unsere Krankheiten. Er tröstet uns in der Not. Er lässt sein Leben für uns. Er vergibt uns unsere Schuld. Er befreit uns zu wahrer Menschlichkeit. Er stellt uns vor Gott. Er verheißt uns das ewige Leben.

Ich glaube, dass es Liebe gibt. Denn nur so kann ich mir das Wirken des Heiligen Geistes vorstellen: Er verbindet uns in einer Gemeinschaft. Er will uns Mut machen zum Bekenntnis. Er fordert uns auf zur Nächstenliebe. Er will uns helfen, die Wahrheit zu finden. Amen.

Nach der Trauung wurden Kinder und Alte von Naumburg nach Roßbach gefahren, die Mittelalten liefen in einem Brautzug im Sommer zum Michaels-Heim. Es war eine unvergessliche Feier nicht nur für das Brautpaar.

Bei dem nächsten Ereignis in Roßbach, das erwähnt werden soll, war die DDR schon Geschichte. Der Staat und das Heim waren im Umbau. Ich war mit dem Pfarrgemeinderat zu einem Wochenende, zu dem auch der Leipziger Dominikanerpater Gordian Landwehr als Impulsgeber anwesend war. Dieser berühmte Prediger hatte 1968 in der gotischen, im Zweiten Weltkrieg unbeschädigten Leipziger Universitätskirche vor vollem Haus gepredigt.

Unweit davon fand gleichzeitig in der Oper eine Veranstaltung mit dem DDR-Staatschef Walter Ulbricht statt. Als dieser aus der Oper trat, kamen nach der Predigt die Menschenmassen aus der Universitätskirche, was Ulbricht veranlasst haben soll zu sagen: Das Ding muss weg.

Nachdem zuvor im einzigen Volksentscheid der DDR im April 1968 die neue sozialistische Verfassung bestätigt worden war, wurde die Kirche im Mai gesprengt. Pater Gordian fühlte sich mitschuldig. Er, ich und viele andere konnten die Sprengung aber nicht verhindern. 1992 erschien das Buch *Universitätskirche – Ein Streitfall?* Das war auch in Roßbach ein Thema. In ein Exemplar des Buches schrieb mir Pater Gordian folgende Widmung:

Ein Traum wird für mich in Erfüllung gehen, wenn sie wieder aufgebaut wird an der Stelle, an der sie gestanden hat und an der sie wieder stehen muss! P. Gordian M. Da er 1998 starb, konnte er diesen Traum auf Erden nicht mehr erleben. Heute steht sie aber wieder an der Stelle, wo sie gestanden hat, in der äußeren Form verändert und innen noch nicht ganz fertig. Inzwischen gibt es in Leipzig auch eine Pater-Gordian-Straße, nach Walter Ulbricht ist nichts mehr benannt.

Noch einen Höhepunkt erlebte ich in Roßbach. Dort fand über zwanzig Jahre nach der Trauung die Nachfeier meines 50. Geburtstages mit der gesamten lebenden Verwandtschaft statt. Die britische Queen verlegt ihre offizielle Geburtstagsfeier in den Sommer – aufgrund des Wetters. Ich verlegte die Feier ebenfalls in den Sommer – wegen der Schulferien. Manche, die ehedem zur Trauung Blumen gestreut hatten, waren nun selbst Eltern und hatten ihre Kinder mit. Bei manchen gab es noch schwache Erinnerungen an die damalige Feier. Diese wurden nun im besten Frauen- oder Mannesalter aufgefrischt.

Natürlich redete man davon, wie schön es damals war. Man verkannte aber nicht, dass inzwischen nicht nur der Dom eine Erfrischungskur erhalten hatte. Das Roßbacher Heim war inzwischen neu entstanden und von der Ausstattung auf bundesdeutschem Standard. Die gute alte Zeit war einer mindestens so guten neuen Zeit gewichen. Der alten Hauskapelle trauerte ich zwar hinterher, dafür gehörte die gut sanierte gotische Roßbacher Kirche inzwischen indirekt zum Heim, was auch nicht zu verachten war.

Soweit ausgewählte Geschehnisse, die meine Verbundenheit zu Naumburg und Roßbach illustrieren sollen.

VON FREYBURG NACH ECKARTSBERGA

Am *Himmelreich* vorbei, könnte man auch als Überschrift für diese Etappe verwenden. Ab Naumburg führt nämlich eine Jakobsweg-Variante die Saale aufwärts nach Bad Kösen. Von dort geht es weiter an der Rudelsburg und Burg Saaleck vorbei in eine Gegend, die *Himmelreich* genannt wird, wo es auch eine gleichnamige Gaststätte gibt. Kein Wunder, dass mit Blick über die Saale und ihre weißen Kalkfelsen auf der Rudelsburg das Lied *An der Saale hellem Strande stehen Burgen stolz und kühn ...* entstand.

Ab Freyburg führt der Weg durch eine wunderbare Kulturlandschaft.

Ich gehe aber einen anderen Weg, der mich von der Pension erst einmal zum Freyburger Markt führt. Den Bäckerladen habe ich schnell erspäht. Er bietet leider keine belegten Brötchen an und hat auch keine Sitzgelegenheit. Immerhin gibt es Kaffee, zu dem ich zwei trockene Brötchen verzehre. Den Käse und die Wurst lasse ich lieber im Rucksack. So zahle ich nicht einmal zwei Euro und bin schnell wieder unterwegs Richtung Unstrut-Brücke, wo der Jakobsweg sein muss und auch ist. Hier laufe ich zwischen Weinbergen unterhalb der Neuenburg und der Unstrut auf der Straße der Romanik und der Unstrut-Weinstraße, bis rechts ein Radweg abbiegt, den ich von früher noch nicht kenne. Er ist gut ausgebaut, es läuft sich prima. Der Blick nach links und rechts in eine herrliche Kulturlandschaft erfreut das Gemüt.

Während ich am Vortag nur Felder sah, auf denen noch das Getreide stand, komme ich jetzt an einem Stoppelfeld neben der Unstrut vorbei. Sollte das Getreide im Tal schneller reif geworden sein als weiter oben? Vermutlich nicht. Wenn aber der Radweg überschwemmt war, war es das Feld auch. Damit war das Getreide nicht mehr zu gebrauchen und wurde vorzeitig gemäht.

Deutlich kleiner als die Großstadt Jena ist einige Kilometer weiter die Saale abwärts die Gemeinde Großjena, der ich mich langsam nähere. Dort ist das *Steinerne Album* oder auch die *Steinerne Bibel*. Das sind zwölf Reliefs, die hier über eine Länge von 200 Metern in den Kalkstein gehauen wurden. Zu denen komme ich aber nicht, da ich zuvor über die Unstrut-Brücke nach Kleinjena und dann weiter nach Roßbach laufe, dem nunmehrigen Ortsteil von Naumburg. Roßbach präsentiert sich als fein herausgeputztes Weindorf an der Weinstraße. Hier finde ich auch wieder die Jakobsmuschel, da ich auf dem von Naumburg kommenden Jakobsweg bin.

Einen Abstecher zum St.-Michaels-Heim schenke ich mir, da ich erst etwa 7 km hinter mir, aber noch geschätzte 19 km bis Eckartsberga vor mir habe. Dann werfe ich aber doch von weiter oben einen Blick auf das geschätzte Heim und denke: Vielleicht bis später einmal, so Gott will!

Der Weg führt nun aus dem Tal auf die Anhöhe. Die Straße ist steil und mit Steinen gepflastert, wie es vermutlich schon auf der mittelalterlichen Handelsstraße Via Regia war. Zunächst sieht man links und rechts Bäume, erfreulicherweise oft Kirschbäume mit reifen Kirschen. Die an den unteren Zweigen sind meist schon abgepflückt. Da mein Frühstück aber spärlich war und ich eine Portion Obst als Ergänzung gut gebrauchen könnte, besinne ich mich auf meinen Schirm, den ich in der Hand halte. Den habe ich ja bewusst anstatt des Knirpses mitgenommen. So ein Schirm ist ein Mehrzweckgerät. Einmal kann man ihn als Regenschirm nutzen, was mir aber auf dieser Tour erspart bleibt. Man kann ihn ebenfalls als Sonnenschirm nutzen, was ich aber nicht mache, da ich meinen Hut als Sonnenschutz habe. Wichtig ist für mich die Nutzung des Schirms als Hantel, die ich immer mal kneifen kann, damit auf dem langen Wegen die Durchblutung in den Händen nicht stockt. Als Spazierstock oder Wanderstab nutze ich den Schirm weniger, aber manchmal doch. Als Stütze dient er mir seltener, aber wenn es steil nach oben oder unten geht, nehme ich ihn gern zu Hilfe. Und schließlich dient der Schirm mit seiner Krücke noch als verlängerter Arm. Der ist sehr wichtig, um die Zweige mit den Kirschen am Wegrand herunterzuziehen, quasi ein Erntehilfsmittel.

Die Kirschbäume sind sicher kein Volkseigentum mehr, so dass ich eher zurückhaltend bin und ein ungutes Gewissen habe. Später sehe ich immer mehr Kirschbäume, auch solche, die gewiss nicht abgeerntet werden. Ich sehe auch öfters Häufchen mit Kirschkernen am Weg, die offenbar Vögel nach der Verdauung wieder ausgeschieden haben. So fühle ich mich zunehmend frei wie ein Vogel. Allerdings spucke ich die Kirschkerne gleich wieder aus und schleppe sie nicht im Verdauungstrakt mit. Da die Kirschbäume heute lange meine Begleiter sind, kann ich die Etappe auch als Kirschtour bezeichnen mit bester Versorgung mit frischem Obst.

Auf der Höhe führt der Weg recht eben voran, man hat teilweise wunderbare Aussicht. Schaue ich nach rechts, dann grüßt irgendwann die Neuenburg, an der ich gestern unmittelbar vorbeilief. Schaue ich nach links, sehe ich zuweilen unten im Saaletal die Kleinstadt Bad Kösen. Einmal sehe ich dahinter auch in der Ferne die Rudelsburg über der Saale hellem Strande. Die Burg Saaleck bleibt verdeckt, ebenso verschlossen bleibt das Himmelreich, was aber nur wenige Kilometer links vor mir liegt.

Gegen 10 Uhr denke ich an ein zweites Frühstück und halte Ausschau nach einer Bank. Die finde ich eine halbe Stunde später in Form einer Jägerkanzel am Wegesrand. Sie hat im Gegensatz zu anderen Kanzeln keine verschlossene Tür, und man kann ringsherum schauen, ohne dass Fenster den Blick begrenzen. Ich klettere die wenigen Sprossen nach oben und richte es mir für eine längere Pause gemütlich ein. Als erstes ziehe ich oben die Schuhe aus, um die Füße zu lüften und um Blasenbildung vorzubeugen. Schwarzbrot, Käse, Salami, Kirschen und Saft schmecken in der freien Natur bei herrlicher Sicht ringsum bestens.

Jakobsweg im Naturschutzgebiet

Nach geraumer Zeit wird mir bewusst, dass es bis zum nächsten Ort Punschrau noch ein Stück ist. Von dort bis Eckartsberga sind es laut Pilgerführer noch knapp zehn Kilometer. Also mache ich mich wieder fertig und setze den Weg fort. Von Kultur sieht man immer weniger, dafür wird die Natur immer uriger. Schließlich stelle ich an entsprechenden Schildern fest, dass ich durch ein Naturschutzgebiet wandere. Aber auch da gibt es noch den einen oder anderen Kirschbaum, an dem sich die Tiere des Waldes bedienen. Warum soll das in der Mittagshitze eines Sommertages nicht auch in bescheidenem Maße ein einsamer Wanderer auf dem Jakobsweg tun?

Schließlich erreiche ich Punschrau, wo der Jakobsweg eine Ehrenrunde um die Kirche dreht. Die Kirche ist aber verschlossen. Nahezu auch alles andere. Gaststätte oder Lebensmittelladen gibt es nicht. Als ich den Ort verlasse, sehe ich am Ortsausgangsschild, dass es sich um einen Ortsteil von Naumburg handelt. Er ist per Luftlinie rund 13 Kilometer von dessen Zentrum entfernt, auf der Straße sicher einiges mehr. Ab Punschrau läuft man auf der Straße und sieht schon den nächsten Ort Spielberg. Da ich aber gleich mehrere Orte sehe, weiß ich erst nicht, welcher Spielberg ist. Nachdem mich die Markierung mit der Jakobsmuschel scharf nach links lenkt, weiß ich es. Das Dorf ist wie alle Nachbardörfer von Feldern umgeben und hat wie alle Nachbardörfer eine Kirche, was von einem gewissen Wohlstand zeugt. Sollte hier tatsächlich die Via Regia entlang gegangen sein, hat der Handel neben der Landwirtschaft vermutlich zum Wohlstand beigetragen.

In Spielberg möchte ich Mittag machen. Ich frage eine ältere Dame, die im Schatten am Rande des Dorfplatzes steht, ob es hier eine Gaststätte gibt. Es gibt keine und auch keinen Lebensmittelladen, einen anderen auch nicht. Da in der Mitte des Dorfplatzes eine überdachte, Schatten spendende Bank steht, mache ich dort Pause und verzehre etwas von meinen Vorräten. Nach und nach kommen einige ältere Leute auf den Platz und warten. Da sie an der Bushaltestelle stehen, vermute ich, es kommt gleich der Bus. Der kommt nicht, dafür aber ein Kleintransporter, an dem *Landbäckerei* zu lesen ist. Ich schaue interessiert hin, ob es auch Getränke gibt. Gibt es nicht, nur Brot, Brötchen und andere Backwaren. So kaufen die anderen ein, ich nicht.

Da der weitere Weg nach Eckartsberga auf einer Straße verläuft – das vermute ich anhand des Pilgerführers auch für das nicht einsehbare größere Teilstück – tausche ich das Schuhwerk und hole aus dem Rucksack die

Sandalen, mit denen die Füße besser belüftet sind. Die nächsten beiden Dörfer Zäckwar und Benndorf sind jeweils nur einen Kilometer entfernt. Alle gehören zur Gemeinde Lanitz-Hassel-Tal. Von dieser Gemeinde und auch von den vermutlichen Bächen Lanitz und Hassel habe ich noch nie gehört. In beiden Dörfern gibt es zwar Kirchen, aber wiederum keine Verkaufs- oder Gaststätte. In Benndorf gibt es nicht nur eine gerade Straße, so dass ich auf die Jakobsmuscheln achten muss. Die machen sich aber an Kreuzungen rar. So gehe ich zur Kirche, wo ich wieder eine Muschel sehe, also auf dem richtigen Weg bin. An der nächsten Kreuzung stehe ich wieder hilflos da, kann aber zum Glück eine Frau fragen, die sich im Garten schafft. *Bevor der Mast ersetzt wurde, war die Jakobsmuschel daran,* sagt sie. Es ist offenbar nicht nur ein Lichtmast ersetzt worden. Ich bedanke mich und gebe meiner Hoffnung Ausdruck, dass das oder die Wegzeichen bald wieder angebracht werden.

Das nächste Dorf ist Lißdorf und rund drei Kilometer entfernt. Laut Pilgerführer liegt es am Lißbach und hat eine Pilgerherberge mit fünf Matratzen, Waschbecken und WC. Da Eckartsberga nur zwei Kilometer weiter ist und ebenfalls eine Pilgerherberge mit Dusche hat, scheidet Lißdorf als Etappenziel aus. Vor dem Ortseingang begegnet mir ein Hund, der mich begrüßt, der Besitzer und ich begrüßen uns ebenso. Ich frage, ob ich im Ort irgendwo ein Bier bekomme. *Nein, die Verkaufsstellen in den Dörfern haben alle dichtgemacht, es lohnt sich nicht mehr,* sagt er mir. Ich berichte von Schwengelpumpen am Wegrand, die nicht mehr funktionieren.

Damit sind wir beim Thema Wasser und Abwasser. Da im Ort alle noch diesbezüglich Selbstversorger sind, steht demnächst aufgrund von Vorschriften der Europäischen Union eine große Umstellung an. Trotz der eigenen Wasserpumpen und Kläranlagen kassieren die Wasserwerke dennoch kräftig ab. Als sich unsere Wege trennen, erhalte ich noch den Hinweis: *Dort vorn an der Straße ist die Pilgerherberge und daneben wohnt der Herbergsvater.* Da ich dort mit einem Hundekläffen hinter dem Zaun empfangen werde, gehe ich schneller vorbei als gewollt. Als ich 30 Meter weg bin, öffnet sich die Tür. Ein älterer Herr schaut mich an und fragt, ob ich der Pilger bin, der angerufen hat. Bin ich nicht, und ich will auch nicht bei ihm übernachten. Wenn er mir aber ein Bier anbieten könnte, wäre ich dankbar. Er hat ein Bier, noch dazu ein kühles, und lädt mich in den Hof ein. Dort sitze ich auf einer Bank im Schatten und entspanne. Zunächst wird nochmals dem Hund gedankt, der nur bei Pilgern anschlägt, also bei Leuten, die nicht im Dorf zu Hause sind. Bei den Einheimischen ist er still. Dann wird mit der Ehefrau geklärt, dass kein Pilger, sondern eine Pilgerin angerufen hat, und das schon zweimal. Dank der Dame komme ich zu dem nach dem langen Weg labenden Bier. Und das auch noch kostenlos, da es selbstverständlich spendiert ist. Wenn ich schon nicht übernachte, bekomme ich zumindest einen Stempel in meinen Pilgerführer gedrückt, das *SIEGEL DER KIRCHE ZU LISSDORF* mit einem Laubbaum in der Mitte.

Die Frau des Hauses gesellt sich zu uns. Sie wird in Kürze von ihrem Mann in einen Nachbarort zur Massage gefahren. Sie hat bis 1990 im Kuhstall gearbeitet und konnte dann wegen diverser Beschwerden nicht mehr. Eine vorzeitige Verrentung war damals, als neues Recht und neue Behörden eingeführt wurden, langwierig und kompliziert. Jetzt ist sie daheim und macht den Haushalt. Die Tochter wird in etwa zwei Stunden kommen und die Scheune des kleinen ehemaligen Bauernhofs weiter als ihren Wohnraum ausbauen. Der eine Sohn wohnt in Spielberg, auch er hat Arbeit im Kuhstall, ihm geht es gut. Nur der zweite Sohn ist weiter weg und wohnt in Ilmenau, immerhin auch noch in Thüringen. Also eine bodenständige Familie, was im Osten nicht unbedingt überwiegt. Da der Massagetermin naht, werde ich aufgefordert mitzukommen, damit man mich gleich vor dem Quartier in Eckartsberga absetzen und ins Pfarrhaus einlassen kann. Die letzten zwei Kilometer zu laufen, wäre mir zwar lieber, doch manche Aufforderungen kann man nicht abschlagen, wenn man nicht beleidigen will.

So fahren wir zu dritt nach Eckartsberga vorbei an der Eckartsburg. Danach geht es steil ins Tal und dann wieder bis zur Kirche etwas bergan. Neben der Kirche ist das Pfarrhaus. Mir wird gesagt, dass ich im Raum neben dem Pfarrsaal auf der Matratze schlafen kann, dass der Pilgerstempel zur Selbstbedienung auf dem Tisch steht. Die Pfarrerin, die gerade am Eingang stand, zeigt mir noch Dusche und WC sowie die Küche, will sich dann der wartenden Tochter widmen. Mich interessieren noch die Getränke, die herumstehen. Auch die darf ich nehmen, wenn ich denn einen angemessenen Beitrag in das Sparschwein gebe. Verdursten werde ich also nicht und auch nicht unter freiem Himmel übernachten.

Bevor ich die ausgefallenen zwei Kilometer nachhole, indem ich zur Burg und zurück gehe, schaue ich die nicht ganz blütenreinen Decken an und suche frische Laken oder Bettbezüge. Ich finde keine. So verpasse ich mir zunächst in zwei Ansätzen einen Stempel mit der Aufschrift *MAURITIUS-KIRCHE ZU ECKARTSBERGA* in meinen Pilgerführer und gehe los, zunächst den Berg hinan. Vorsichtshalber frage ich einen entgegenkommenden älteren Herren, ob das der Weg zur Burg ist. Nein, der führt zum Friedhof. Ich solle mitkommen. Er zeigt mir dann, wo es langgeht. Ich bedanke mich und gehe zum Marktplatz hinab, hinter dem ein steiler Weg mit Treppen zur Burg hinaufführt.

Bevor ich am Markt ankomme, hupt ein Auto neben mir. Der Herr von eben sagt, ich soll einsteigen, er fährt mich hoch. Wieder kann ich nicht abschlagen und steige ein. Er sagt, er erwarte am Abend seine Tochter, die in Koblenz Altenpflegerin ist und nur noch selten kommt. Sein Sohn kommt noch seltener, da er in der Schweiz in einer Vertriebsfirma arbeitet.

Er berichtet: Neben der Burg ist eine Einrichtung, in der Männer mit Suchtproblemen betreut werden. Die Umbrüche nach 1989, vielfach verbunden mit Arbeitslosigkeit, haben vor allem Männer aus der Bahn geworfen. Zuvor war dort ein Jugendwerkhof, wo zu DDR-Zeiten Jugendliche aus Problemfamilien einen Beruf erlernten. Alle erhielten eine gute Ausbildung und Erziehung.

Die romanische Eckartsburg lädt auch mit einer Gaststätte ein.

Ganz früher hatte der preußische König ein entsprechendes Anwesen der evangelischen Kirche übereignet mit der Maßgabe, sich um Kinder aus zerrütteten Familien zu kümmern. Ich erwähne, dass gegenwärtig die Jugendwerkhöfe recht in der Kritik stehen. Darauf wird erwidert, das möge für den geschlossenen Jugendwerkhof in Torgau gelten, wo die ganz harten Fälle waren. In Eckartsberga im freien Vollzug wurden die Jugendlichen gut betreut und waren dann für ein eigenständiges Leben gerüstet. Das kann er als ehemaliger Lehrer bezeugen.

Nach dem interessanten Gespräch laufe ich die letzten Meter zur Burg. Im Innenhof ist eine Gaststätte, davor eine Tafel mit folgender Begrüßung: *Herzlich willkommen! Die fleißigen Mägde und Knechte des Landgrafen freuen sich auf Ihren Besuch im Burgrestaurant.* Da lasse ich mich nicht zweimal bitten und mir ein großes Bier und einen kleinen Imbiss servieren. Flüssiges Brot ist mir wichtiger als feste Nahrung.

Danach schaue ich mich noch etwas um und lese, dass auch Goethe hier war und mal schnell die Ballade *Der getreue Eckart* geschrieben hat. Die hat übrigens wenig mit dem Gründer von Burg und Stadt zu tun, dem Markgrafen Ekkehard I. von Meißen, dem auch die Gründung von Naumburg zu verdanken ist. Er ist der Vater des als Stifterfigur im Dom dargestellten Ekkehard II.

Nach dem Abstieg von der Burg in die Stadt sehe ich am Markt ein Hotel. Daran steht, das Restaurant ist geschlossen, das Hotel kann man aber über eine angegebene Telefonnummer buchen. Das mache ich nicht, kaufe aber im Laden nebenan Saft für den nächsten Tag. Im Pfarrhaus schaue ich mich noch einmal um und lese die Hinweise für die Gäste. Als einer der letzten Punkte auf der zweiten Seite steht: *Sollten Sie es sich anders überlegt haben, können Sie sich auch bei folgender Pension melden …*

Dazu entschließe ich mich und bekomme die telefonische Nachricht, ich sei willkommen. Getränke muss ich aber selbst mitbringen. Ich schnappe meine Sachen und zwei Flaschen Bier, für die ich einen kleinen Schein hinterlasse, und begebe mich zur Pension in den Heideweg. Nach zweimaligem Fragen erreiche ich diesen. Vor der Einmündung in den Heideweg stehe ich vor dem Eckhaus in der Alten Straße und sehe das im Pilgerführer erwähnte Steinkreuz, in das ein Schwert eingemeißelt ist. Es wird erzählt, dass hier ein erschlagener schwedischer Offizier begraben wurde. Dann stammt das Kreuz wohl aus der Zeit des Dreißigjährigen Krieges.

Steinkreuz mit Schwert in Eckartsberga

Es ist das erste steinerne Sühnekreuz auf meinem Weg. Wenn man hier den Jakobsweg mit Tunnelblick läuft, kann man dieses Kreuz leicht übersehen, da es oberhalb der Straße in einer Zaunnische steht.

Kurz danach bin ich am Quartier im Heideweg angelangt und fühle mich schon vor dem Siedlungshäuschen sehr wohl. Es wurde noch zu DDR-Zeiten von den Wirtsleuten recht solide gebaut und hat alles, was man braucht.

Da ich an dem Tag insgesamt trotz der beiden kurzen Autofahrten rund 27 Kilometer gelaufen bin, freue ich mich auf die Dusche und entspanne nachfolgend auf dem Bett, das nicht nur sauber, sondern rein ist. Für heute bin ich wirklich angekommen.

Da ich noch etwas Brot habe, mache ich eine kleine Abendmahlzeit mit Käse, Salami und Bier. Als ich später zur Entspannung auf dem Bett liege und noch etwas Radio höre, einen Thüringer Sender, frage ich mich, ob ich noch in Sachsen-Anhalt oder schon in Thüringen bin. Das kläre ich morgen. Heute habe ich genug gesehen und erlebt.

KUNST DER KLEINEN SCHRITTE

Als ich vor Reisebeginn in Leipzig meine Siebensachen packe, suche ich auch etwas Lektüre für unterwegs. Es soll leichte Lektüre sein in dem Sinne, dass sie nicht viel wiegt. So nehme ich ein dünnes Heft *Segenswünsche für schöne und schwere Tage – Worte der Freude und des Trostes,* herausgegeben von Bernhard Matzel. Das hatte ich aus besonderem Anlass vor drei Jahren als Geschenk bekommen und längere Zeit jeden Tag mindestens einmal durchgelesen. Auch wenn man auf dem Jakobsweg unterwegs ist, kann man das sehr wohl lesen.

Kurz vor Abmarsch tausche ich das Heft gegen eine Karte aus mit einem Gebet von Antoine de Saint-Exupéry. Sie ist vom Gewicht her noch leichter, ansonsten ähnlich gewichtig. Auch diesen Text habe ich vor drei Jahren oft gelesen.

Seit meiner Studentenzeit bin ich ein Verehrer von Antoine de Saint-Exupéry. Dessen Bücher erhielt ich meist anlässlich von Westbesuchen bei der Leipziger Buchmesse. *Südkurier, Nachtflug und Wind, Sand und Sterne* begeisterten mich, weckten Abenteuerlust, Fernweh, aber auch Hilfsbereitschaft und Verantwortungsgefühl. *Der kleine Prinz* war und ist einzigartig, ein schönes und kluges Buch für Kleine und Große.

Dann erhielt ich auch noch *Die Stadt in der Wüste*, französisch *Citadelle*. Das hätte vielleicht der Faust von Saint-Exupéry werden können, wurde aber von ihm nicht vollendet. Mein Buchexemplar mit den Fragmenten stammt von 1965. Jemand bezeichnete das Werk als lautere Vision. Ich verinnerlichte in mir einige Textstellen. Sinngemäß hieß es: *Es kommt nicht darauf an, das Geschwür zu pflegen, sondern den Kranken zu heilen.*

An anderer Stelle wurde geraten: *Wenn man gute Schiffe bauen will, muss man zuerst die Sehnsucht zum Meer wecken.*

Eine Stelle ist mir, der damals angehender Mathematiker war, heute noch wörtlich in Erinnerung. Da sagt der einzige Vertraute des Herren der Wüste, der auch der einzig wahre Mathematiker war: *Ich bin nicht vor allem Mathematiker, ich bin Mensch. Ein Mensch, der zuweilen über Mathematik nachsinnt, wenn ihn nichts Dringenderes bewegt, wie der Schlaf, der Hunger oder die Liebe.*

Da begann ich zu verstehen, dass Arbeit und Selbstverwirklichung wichtig sind, es aber Wichtigeres im Leben gibt.

Irgendwann las ich, dass das Gebet von Exupéry, das oft mit *Kunst der kleinen Schritte* überschrieben wird, aus der *Stadt in der Wüste* ist. Da es im Internet in unterschiedlichsten Varianten steht, las ich erneut mein Buchexemplar, um herauszufinden, welches die authentische Fassung ist.

Ich fand dieses Gebet aber nicht. So ist das bei fragmentarischen Werken. Man kann nur die Texte nutzen, die man hat. Manches findet sich vielleicht später noch.

Nach einer schweren Erkrankung vor drei Jahren mühte ich mich im tatsächlichen und im übertragenen Sinne, die Kunst der kleinen Schritte zu erlernen und einzuüben. Das legte und lege ich auch anderen nahe.

Ich bitte nicht um Wunder und Visionen, Herr,
sondern um Kraft für den Alltag!
Lehre mich die Kunst der kleinen Schritte:

Mach mich findig und erfinderisch,
um im täglichen Vielerlei und Allerlei
rechtzeitig meine Erkenntnisse und Erfahrungen zu notieren,
von denen ich betroffen bin.

Mach mich griffsicher in der richtigen Zeiteinteilung.
Schenke mir das Fingerspitzengefühl, um herauszufinden,
was erstrangig und was zweitrangig ist.

Lass mich erkennen, dass Träume nicht weiterhelfen,
weder über die Vergangenheit noch über die Zukunft.
Hilf mir, das Nächste so gut wie möglich zu tun
und die jetzige Stunde als die wichtigste zu erkennen.

Bewahre mich vor dem naiven Glauben,
es müsse im Leben alles glatt gehen.
Schenke mir die nüchterne Erkenntnis,
dass Schwierigkeiten, Niederlagen, Misserfolge, Rückschläge
eine selbstverständliche Zugabe zum Leben sind,
durch die wir wachsen und reifen.

Erinnere mich daran, dass das Herz oft gegen den Verstand streikt.
Schick mir im rechten Augenblick jemand, der den Mut hat,
mir die Wahrheit in Liebe zu sagen.

Ich möchte Dich und die anderen immer aussprechen lassen.
Die Wahrheit sagt man nicht sich selbst, sie wird einem gesagt.

Du weißt, wie sehr wir der Freundschaft bedürfen.
Gib, dass ich diesem schönsten, schwierigsten,
riskantesten und zartesten Geschäft des Lebens gewachsen bin!

Verleihe mir die nötige Fantasie,
im rechten Augenblick ein Päckchen Güte,
mit oder ohne Worte, an der richtigen Stelle abzugeben.

Mach aus mir einen Menschen,
der einem Schiff mit Tiefgang gleicht,
um auch die zu erreichen, die ‚unten' sind.

Bewahre mich vor der Angst,
ich könne das Leben versäumen.
Gib mir nicht, was ich wünsche,
sondern was ich brauche.

Große Schritte und erst recht Sprünge kann ich nicht mehr machen, das war einmal. Kleine Schritte kann ich wieder und komme mit denen erstaunlich weit.

VON ECKARTSBERGA NACH SCHWERSTEDT

Nach einer erholsamen Nacht und einer erfrischenden Morgentoilette begebe ich mich zum Frühstück. Da wartet bereits ein zweiter Gast aus München, der nicht das erste Mal hier Quartier hat. Wir kommen miteinander und der Wirtin ins Gespräch. Er meint, man hört mir nicht an, dass ich aus Sachsen komme. Ihm hört man es auch nicht an, dass er aus Bayern kommt, da seine Mutter von der Nordsee ist und er dort längere Zeit wohnte. Auch er ist Rentner, aber sehr rüstig und schafft sich noch bei Denkmalschutz und Sanierung. Deswegen kommt er immer mal wieder nach Eckartsberga und immer gern in die überaus gute und preiswerte Pension. Ich mache der Wirtin nicht nur ein Kompliment. Sie nimmt für Übernachtung und Frühstück nur eine Aufwandsentschädigung von 15 Euro. Sie will insbesondere an den Pilgern nichts verdienen. Den Frühstückstisch hat sie überaus köstlich und liebevoll bereitet. Eine gewisse Art von Krönung sind die frischen Blüten der Kapuzinerkresse, die erst meine Augen, dann meinen Gaumen erfreuen.

Von der Wirtin erfahre ich, Eckartsberga liegt am Rande von Sachsen-Anhalt. Es gab Überlegungen zu einem Wechsel nach Thüringen, die man dann aber verworfen hat. Der Bayer ergänzt, dass die Randlage der ehemaligen Kreisstadt nicht guttut, jetzt ist es Teil einer Verbandsgemeinde, und die Gemeindeverwaltung ist gerade in das 13 Kilometer entfernte Bad Bibra umgezogen. Jetzt steht das schöne Rathaus weitgehend leer. Es ist eine sehr nette Unterhaltung mit sehr netten Menschen. Es ist aber schon nach 8 Uhr, so dass ich aufbreche, nachdem ich allen gedankt und eine gute Zeit gewünscht habe.

Der nächste Ort ist Seena und etwa zwei Kilometer entfernt. Ich will heute bis zum rund 25 Kilometer entfernten Dorf Stedten laufen. Dort gibt es laut Pilgerführer eine Herberge mit Matratzen, Waschbecken, WC und Küche. Zunächst verläuft der Jakobsweg hinter Eckartsberga auf einer gut ausgebauten und asphaltierten Straße. Ich staune, als ich etwa 300 Meter vor mir zwei Wandersleute mit Rucksäcken sehe. Es könnten eine Frau und ein Mann sein, die ungefähr in meinem Schritttempo durch die Gegend ziehen. Insofern werde ich mit ihnen wohl nicht ins Gespräch kommen, es sei denn, sie machen eine Pause. In Seena ist am Dorfplatz eine Bank, wo tatsächlich die beiden Wandersleute sitzen. Obwohl es noch etwas zeitig für eine Rast ist, geselle ich mich zu ihnen und suche das Gespräch. Dabei stelle ich fest, es sind zwei Damen, auch nicht mehr blutjung, die Rucksäcke nicht größer als meiner. Eine telefoniert fleißig und fühlt sich von mir eher gestört. Die andere macht sich an einem ihrer Füße zu schaffen, der offenbar etwas lädiert ist. Es handelt sich um die aus zwei Personen bestehende Pilgerin, die gestern in Lißdorf fleißig anrief und dann doch in Eckartsberga im Pfarrhaus übernachtet hat. Dort war man erstaunt, als ich verschwunden war, worauf ich die fehlende Bettwäsche erwähnte. Sie haben noch Bettwäsche bekommen und gut geschlafen. Sie sind in Wurzen losgelaufen und wollen noch bis Erfurt, freilich nicht heute.

Ich wandere allein durch Felder weiter, komme nach Thüsdorf und anschließend nach Rudersdorf. Dort begegnet mir ein Mann, der ein Fahrrad mit Anhänger schiebt, auf dem einige Stiegen voller herrlicher Kirschen sind. Das lässt mich hoffen, auch etwas von den roten Früchten abzubekommen. Tatsächlich ist hinter dem Ortsausgang eine Bank an einem Baum voller Kirschen auch an den unteren Zweigen. Am Baumstamm ist sogar eine Jakobsmuschel. Das betrachte ich als Einladung zu einem zweiten Frühstück. Als ich ein paar Kirschen gepflückt habe, kommt mir ein riesiger Traktor mit noch riesigerer Staubwolke auf dem trockenen Feldweg entgegen. Ich schließe nicht aus, dass der Traktorfahrer auch riesig ist und etwas gegen mein Tun haben könnte. So warte ich, bis der Traktor vorbei ist und die Staubwolke sich verzogen hat. Dann ziehe ich weiter auf dem staubigen Feldweg, an dem es glücklicherweise weitere Kirschbäume gibt. Da der nächste Ort nicht in Sichtweite ist, komme ich an manchen Stellen, wo sich Feldwege kreuzen, ins Grübeln, welcher denn wohl der richtige Weg ist. Mit Hilfe des Pilgerführers entscheide ich mich zum Glück immer für den richtigen Weg. Der führt nach einer längeren Strecke auf eine Straße, wohin ich nach rechts abbiege. Zwei Dinge erfreuen sofort meine Augen. Das eine ist ein Schild mit dem Hinweis Imbiss 500 m. Da es gerade Mittag ist, finde ich das als Geschenk des Himmels. Himmlisch ist auch die stattliche, gut sanierte Kirche auf der anderen Straßenseite. Bei ihr ist eine Erläuterungstafel. Darauf steht, dass die Kirche, wie auch andere Kirchen bei Weimar, von dem deutsch-amerikanischen Maler Lyonel Feininger gemalt wurde.

Das erinnert mich sofort an die Autobahnkirche von Gelmeroda, die Feininger mehrmals malte. Sie steht nahe der Autobahnabfahrt Weimar und grüßt immer, wenn ich in Weimar die Familie meines Sohnes besuche. Die wohnt im Nachbargebäude des Hauses, wo ehedem der Bauhaus-Lehrer Feininger wohnte. Feininger ist dort verschwunden, und mein Sohn samt Familie ist es auch bald. Er arbeitet seit geraumer Zeit in Baden-Württemberg.

Während ich das bedenke, gehe ich zum Imbissstand, muss aber lesen, dass dieser krankheitsbedingt geschlossen hat. Der Gasthof unmittelbar daneben öffnet erst 17 Uhr. Also ziehe ich auf Feldwegen weiter, vorbei am 255 Meter hohen Steinberg nach Nermsdorf. Das hat wiederum eine Kirche, aber keinen

Laden und keine Gaststätte. Dennoch mache ich Rast und verzehre wie gehabt etwas Schwarzbrot, Käse, Salami und Saft. Ich hoffe auf den nächsten etwas größeren Ort Buttelstedt, wo im Pilgerführer ein rotes Dreieck mit einem K verzeichnet ist, was *Einkaufsmöglichkeit außerhalb der Städte* bedeutet.

Buttelstedt ist tatsächlich ein etwas größerer Ort, eine Stadt, wo es laut Pilgerführer auch eine Herberge gibt. Will ich aber am nächsten Tag bis Erfurt, muss ich heute noch ein Stück weiter. Vorsichthalber telefoniere ich nach der rund sechs Kilometer entfernten Herberge in Stedten. Eine Dame versichert mir: Es gibt noch Plätze, wenn auch keine Bettwäsche. Zu essen gibt es nichts, aber Tee ist da. Das ist das einzige Quartier weit und breit, andere Pensionen oder Gästezimmer gibt es hier nicht. So melde ich mich vorsichtshalber an, um nicht im Freien übernachten zu müssen.

Dann sehe ich zunächst wieder einmal keine Jakobsmuschel. Indem ich den Weg zur Kirche einschlage, bin ich richtig. In dem hübschen Städtchen wird an einigen Stellen saniert.

Stele in Buttelstedt an der Via Regia

Einer der Arbeiter weist mir den Weg zur Verkaufsstelle. Die ist nicht weit und viel mehr als ein Tante-Emma-Laden. So kaufe ich eine Semmel, zwei Kiwi, Saft und Bier für das Abendbrot und das morgige Frühstück. Mehr geht wegen des Platzes und des Gewichts nicht. Vor dem Geschäft ist eine Anlage mit einem gewichtigen Gedenkstein. Als ich den gelesen habe, bekomme ich ein Stück Respekt vor der Stadt. Sie ist schon 1250 Jahre alt. Viel älter ist Arnstadt, die älteste Stadt in Thüringen und Ostdeutschland, sicher auch nicht. Die Namen der hier geborenen Komponisten Fasch und Krebs sind mir nicht unbekannt.

Dennoch sage ich der kleinen, alten Stadt ein Lebewohl und gehe weiter runde vier Kilometer nach Schwerstedt, nach dem Ortsausgang auf einem bestens ausgebauten Radweg, der leicht hügelig, aber nahezu geradeaus führt. Eine Bank gibt es zwar nicht, an einer Wegeeinmündung aber zwei große Steine. Auf einen setze ich mich und tausche die Schuhe gegen die Sandalen aus, was die Füße erfreut. Nach einer knappen Stunde erreiche ich Schwerstedt. Dort wundere ich mich, als am Lichtmast auf eine 100 Meter entfernte Pilgeroase hingewiesen wird. Sollte es hier doch eine Herberge für Pilger geben? Ich gehe weiter und lese am Eingang zu einem hübschen Häuschen unter einer Jakobsmuschel: *Pilger-Oase, Pilger bitte eintreten! (Unser Hund ist schon selbst gepilgert und beißt keine Pilger!).* Als ich klingele, reagiert keiner, nicht einmal der Hund. Ich trete nicht ein, sondern gehe weiter zur Kirche. Dort traue ich meinen Augen kaum, als ich eine Gaststätte mit Pension sehe, die offenbar in Betrieb ist und einen recht soliden Eindruck macht. Hinter dem Tor am Hof laden zwei Personen Sachen aus einem Auto. Es sind die Wirtsleute, die mir sagen, dass ich selbstverständlich übernachten kann und willkommen bin. Weil das Zimmer aber noch hergerichtet werden muss, möge ich noch etwas warten, was ich gern bei einem Glas Bier mache. Zuvor sage ich in Stedten noch telefonisch ab, was die Dame etwas verwundert. Kurze Zeit später bin ich unter der Dusche, lege danach die Beine hoch. Dabei ruhe ich unter einer knapp zwei Meter hohen Palme, einer künstlichen. Zur Unterhaltung will ich den Fernseher anmachen, was mir nicht gelingt. Nach einer halben Stunde begebe ich mich nach unten und weise die Wirtin auf den Fernseher hin. Sie kommt sofort mit hoch. Da in anderen Zimmern die Fernseher funktionieren, kann es nicht an der Antenne liegen. Nach einigem Hin und Her, als die Batterien in beiden Fernbedienungen ausgetauscht sind, funktioniert das Gerät

Ehemaliges Gutshaus in Schwerstedt, jetzt Berufsschule

wieder. Danach wasche ich schnell meine Unterwäsche und Socken und hänge sie irgendwo auf Bügeln auf, wo sie bis zum Morgen trocknen sollen. Anschließend mache ich eine Erkundungstour durch den Ort. Hinter der verschlossenen Kirche sehe ich einen Schlosspark. Das Schloss oder Gutshaus ist bestens saniert und hat einen modernen Anbau. Es ist eine Berufsschule. Ich sehe eine weitere Gaststätte, wo es nur Getränke gibt, eine Raucherkneipe. Daneben ist noch eine Pension, die aber schon länger geschlossen ist. Dass das Schloss heute eine Berufsschule ist, weshalb es hier einige Jugendliche gibt, ist gewiss ein Glücksfall für Schwerstedt.

Die Wirtsleute haben ihren Bauernhof 1990 komplett umgebaut und sind gut, mit viel Fleiß und Geschick und sicher einigem Glück in der Marktwirtschaft angekommen. Die Pension nebenan hat vor sieben Jahren aufgegeben. Sie sind offenbar gut ausgelastet, nicht zuletzt mit Reisegruppen aus dem Westen. Schließlich sind sie preiswert, und Weimar und Erfurt sind nicht weit. Am Morgen ist erst eine Reisegruppe abgereist, so dass sie jetzt erst einmal etwas kurztreten. Der Mann ist ja auch schon 68 Jahre alt. Aber sie machen gern noch etwas weiter, obgleich manches nach über 20 Jahren wieder einer

Auffrischung bedarf. Der kleine Junge ist ihr Enkel und Ferienkind. Die Eltern leben in der Schweiz, holen ihn am Wochenende mit dem Auto wieder ab, um anschließend ab Zürich nach Sylt zu fliegen. Die Pilgeroase ist nur dazu da, eine kurze Pause zu machen. Die Inhaber beschäftigen sich mit Ayurveda. Pilger kommen dieses Jahr weniger als ein Jahr zuvor. Die meisten fahren ab Vieselbach nach Erfurt.

Diese Bemerkung lässt mich aufhorchen. Laut meinem Pilgerführer führt der Weg gar nicht über Vieselbach, einem Erfurter Ortsteil mit Bahnanschluss. Außerdem ist für Gespräche keine Zeit mehr. Einige junge Männer sollen versorgt werden und auch der Enkel, der sich zum Abendbrot Fischstäbchen und Schnitzel wünscht. Er soll sich für eines von beidem entscheiden. Ich entscheide mich für einen Strammen Max, der dann sehr reichhaltig ausfällt.

Heute bin ich nur rund 23 Kilometer gelaufen, zwei Kilometer mehr nach Stedten waren eingeplant. Morgen nach Erfurt werden es also zwei Kilometer mehr, so dass ich zeitig ins Bett gehe. Das Frühstück ist für halb 8 Uhr verabredet.

VON SCHWERSTEDT NACH ERFURT

Pünktlich halb 8 Uhr hat Frau Wirtin ein überaus reichhaltiges Frühstück serviert. Es schmeckt und sättigt. Einiges bleibt übrig. Ich darf den Rest gern mitnehmen, doch im Rucksack ist kein Platz. Ich danke, wünsche den netten Leuten gute Zeit und guten Weg. Dann beginnt für mich der Weg in die thüringische Hauptstadt Erfurt. Am Ortsausgang von Schwerstedt sehe ich noch eine Besonderheit. Hier verabschieden mich die Tiere einer Straußenfarm.

Bald sehe ich Stedten, das es mir vielleicht übel genommen hat, dass ich nicht hier übernachtet habe. Als ich den Ort passiert habe, gabelt sich die Straße. Ab hier beginnt eine Variante des Jakobswegs, die weiter südlich verläuft und über den Weimarer Ettersberg mit dem ehemaligen Konzentrationslager Buchenwald führt. Es spräche vieles für diese Variante. Sie ist aber vermutlich etwas länger, weswegen ich mich für den Hauptweg entscheide. Ab Stedten führt eine Straße nach Ottmanshausen, das mein nächstes Ziel ist. An der Straße finde ich aber nirgends eine Jakobsmuschel. Also gehe

Am Ortsausgang von Schwerstedt befindet sich eine Straußenfarm.

ich die andere Straße Richtung Berlstedt. Nach 200 Metern gehe ich zurück, da auch hier keine Muschel zu sehen ist. In der Nähe der Gabelung finde ich dann doch einen kleinen Pfad und die Wegmarkierung. Der Weg weitet sich bald zu einem Feldweg. Links und rechts ist kein Baum und erst recht kein Lichtmast, wo ein Wegezeichen angebracht werden könnte. Schließlich habe ich den nächsten Ort erreicht, wo ich immer noch keine Jakobsmuscheln finde. Stattdessen sehe ich an einer Bushaltestelle die Aufschrift Berlstedt. Ein Passant bestätigt mir, dass ich falsch bin und nach Ottmannshausen die Straße hoch laufen soll. Ich habe keine andere Wahl und muss bei der nicht kurzen Tagesetappe zwei Kilometer zugeben. Bei Ottmannshausen erreiche ich wieder den Jakobsweg, der an einem hübschen Waldbad vorbei und dann durch Felder führt. Es läuft sich gut bis Hottelstedt, wo es wieder eine Kirche, aber keinen Laden gibt, und dann weiter Richtung Ollendorf.

Vielfach hat man eine weite Sicht selbst bis zum entfernten Tagesziel Erfurt. Vor Ollendorf mache ich nach über zehn Kilometern Fußmarsch eine Pause. Der Ort hat laut Pilgerführer eine Herberge und eine Einkaufsmöglichkeit. Die Pause nutze ich, in Erfurt anzurufen, um mich bei der dortigen Pilgerherberge im Stadtzentrum anzumelden.

Bei Ollendorf sieht man in der Ferne die Landeshauptstadt Erfurt.

Es handelt sich um das Augustinerkloster. Dort war ehedem Martin Luther angekommen, nachdem er auf einer Wanderung in ein schweres Gewitter kam, was ihn veranlasste, Mönch zu werden. Das ist eine passende Herberge mit fünf Betten für Wanderer auf dem Jakobsweg! Bei meinem Anruf wird mir jedoch gesagt, es ist alles ausgebucht. So wie der Jakobsweg frequentiert ist, bin ich mir sicher, dass das nicht alles Wanderer sind. Aber ein preiswertes Quartier inmitten einer Großstadt ist auch für andere interessant. Da im Pilgerführer zum Glück auch andere Unterkünfte verzeichnet sind, rufe ich beim OPERA-Hostel an. Ich frage, ob ich für eine Nacht möglichst ein Einzelzimmer bekommen kann. Das klappt glücklicherweise. So begebe ich mich zunächst nach Ollendorf und weiter auf die laut Pilgerführer 15 Kilometer nach Erfurt. Ollendorf ist schön herausgeputzt, der Erfurter Speckgürtel grüßt. Es grüßt auch der Kirchturm, der für mich etwas Besonderes ist. Dort gibt es einen kleinen überdachten Vorbau mit einer kleinen Glocke, die mir sogar um 11 Uhr einen Gruß zuläutet. Am Ortsausgang treffe ich zwei Leute, die ich interessehalber nach der Einkaufsstelle frage. Da es nach 10 ist, hat die zu. Es lohnt sich nicht. Es ist bemerkenswert, von Buttelstedt bis Erfurt gibt es keine Einkaufsmöglichkeit entlang des Jakobswegs!

Von Ollendorf zum nächsten Ort Wallichen sind es rund vier Kilometer. Den richtigen Abgang des Jakobsweges von der Straße finde ich problemlos. Bei diversen Gabelungen des Feldwegs lasse ich meine Intuition sprechen und entscheide mich für den scheinbar kürzesten Weg zum vor mir sichtbaren Dorf. Am Dorfplatz sehe ich nicht nur die Jakobsmuschel, sondern auch eine Bank, auf der ich mich entschließe, mein bescheidenes Mittagsmahl zu verzehren. Während der Pause fällt mir ein kleines emailliertes Metallschild auf. Es weist recht nobel auf den Lutherweg hin, der vor dem Reformationsjubiläum 2017 ausgebaut wird und im Gegensatz zum Jakobsweg in beide Richtungen gelaufen werden kann.

Mein Studium im Pilgerführer lehrt mich, dass der nächste Ort geradeaus in westlicher Richtung Kerpsleben ist, eine Kirche und eine Einkaufsstelle hat. Dorthin mache ich mich wieder auf den Weg und sehe an einem Mast eine Jakobsmuschel, die mit einem Metallband quasi durchgestrichen ist. Das Band dient zur Befestigung des Lutherweg-Schildes auf der anderen Seite des Mastes. Miteinander oder gegeneinander, frage ich mich. Am Ortsausgangsschild lese ich nicht nur Wallichen, sondern auch den Zusatz *Landeshauptstadt Erfurt*. Diese hat bei der Gebietsreform 1994 eine größere Anzahl auch weit entfernter Dörfer geschluckt, so auch Wallichen und das davon südlich gelegene Vieselbach. Da führt mich tatsächlich der Jakobsweg entgegen meiner Karte hin. Ich denke daran, was meine Wirtin in Schwerstedt also richtig gesagt hat.

Hinter der Brücke über den Vieselbach geht es aber gleich wieder gen Norden und etwas später in die westliche Richtung. Hier wird mir klar, warum meine Karte veraltet ist und der Jakobsweg, der nunmehr zumeist auch der Lutherweg ist, verlegt werden musste. Die im Bau befindliche Trasse der ICE-Strecke Berlin-München überquert weit und breit nur eine Brücke. Über die muss man hinweg, wenn man zur Erfurter Innenstadt will. Für mich ist das eine weitere Streckenverlängerung um etwa einen Kilometer. Unmittelbar westlich neben der ICE-Trasse ist eine Straße, auf der nur wenige Baufahrzeuge stehen. Da die Bahnlinie zum Erfurter Hauptbahnhof führt, müsste es die Straße auch. Fast bin ich schon auf dem Abstieg vom Brückendamm zur Straße, dann befürchte ich, aus der Abkürzung könnte ein weiterer Umweg werden. Also gehe ich zum herausgeputzten Erfurter Vorort Kerpsleben, hinter dem ich auf die viel befahrene Leipziger Straße gelange. Die ist gut ausgebaut und hat zum Glück einen

Vor Erfurt geht der Weg über die im Bau befindliche ICE-Trasse.

Radweg, auf dem auch der Jakobsweg verläuft. Die Straße scheint endlos lang. Ich unterteile sie gedanklich in drei Teile, einen ersten bis zur Autobahn nach Sömmerda, einen zweiten bis zur Eisenbahntrasse und einen dritten bis zur Innenstadt. Ich laufe und laufe, verzichte auf die Straßenbahn, die inzwischen neben mir fährt, und begegne immer mehr Menschen. Hier grüßt man sich im Gegensatz zu den ländlichen Gegenden nicht - mit einer Ausnahme. Mir kommt ein netter Schwarzer entgegen, der offenbar in mir auch einen Exoten erkennt und mir zulächelt. Wir grüßen uns im Vorübergehen.

Als ich am Rande der Innenstadt bin, frage ich nach dem OPERA-Hostel. Der Mann kennt es erstaunlicherweise, schickt mich weiter an der Straßenbahn entlang, wo ich noch einmal fragen soll. Nach nochmaligem Fragen bin ich schließlich im Zentrum und spreche einen Taxifahrer an, der sich auskennen müsste und auch auskennt: *Zwei Kilometer immer geradeaus.* Dieser Weg beginnt am Anger, der Haupteinkaufsmeile von Erfurt. Trotz diverser Müdigkeitserscheinungen belebt mich diese Promeniermeile mit ihren wohlfeil sanierten Bürgerhäusern. Irgendwann ist der Anger zu Ende und die Wegeführung nicht mehr so klar erkennbar. Ein nochmaliges Fragen zeigt, ich bin richtig und gleich am Ziel. Die Straße vor meinem Hostel ist eine große Baustelle, was mir nicht unrecht ist, da hier auch nachts keine Autos fahren können. An der Rezeption sind gleich vier junge Leute. Das Zimmer ist für mich reserviert, und ich werde eingewiesen: Bett selbst beziehen und morgens abziehen, Gemeinschaftswaschräume mit je zwei Duschen, Waschbecken und Klos getrennt nach Damen und Herren, Küche und Aufenthaltsraum eine Etage höher, Frühstück ab 8 Uhr. Das ist mir wegen des langen Weges am nächsten Tag nach Gotha zu spät, so dass ich darauf verzichte. Es kostet dennoch 39,50 Euro, was ich akzeptiere, mich aber doch verwundert, da es etwa das Dreifache dessen ist, was im Pilgerführer steht. Schließlich bekomme ich den Schlüssel des Zimmers *C.W.v.Gluck* und werde von einer netten jungen Dame zum Zimmer geleitet. Nach dem Beziehen meines Bettes folgt das Übliche: Duschen und Hinlegen. Dabei staune ich über die Gestaltung des Zimmers. Statt eines Schranks hat man unter dem Bett für die Kleidung einen Kasten mit Rollen zum Vorziehen. Es gibt einen großen Spiegel mit Goldrahmen, ein großes schwarz-weißes Plakat der Oper Frankfurt mit Reklame für La Bohème und ganz oben über der Tür eine Klarinette mit zugehörigem Kasten darunter. Das alte Erfurter Theater nebenan stand vermutlich Pate.

Erfurter Dom

Trotz dessen, dass ich rund 28 Kilometer in den Beinen habe, mache ich mich noch einmal auf zu einem Rundgang durch die Innenstadt und nehme dazu meinen Pilgerführer mit. Wenn ich schon mit Stempeln angefangen habe, möchte ich auch einen Stempel von Erfurt. Zunächst gehe ich nach Norden zu Dom und Severikirche. In letztere gehe ich zuerst. Als ich mich in die Bank setzen will, sehe ich hinter mir eine Dame, die zum Aufsichtspersonal gehört. Sie frage ich nach einem Stempel. *Es ist schon nach 17 Uhr, da kann man nur noch unterhalb der Domstufen in der Information fragen.* Sie überlegt es sich aber anders, nimmt mein Büchlein mit und kommt schließlich mit einem wunderhübschen Stempel zurück. Dafür gebe ich gleich einen Euro mehr in die Spendenbüchse und gehe gegenüber in den Dom, wo gerade ein Orgelspieler und ein Trompeter üben. Als ich sitze und zuhöre, kommen mir Erinnerungen, wovon zwei erwähnt werden sollen.

Über die Studentengemeinde hatte ich in Leipzig Medizinstudenten kennengelernt, die nach dem Physikum ihr Studium in Erfurt fortsetzten. Als ich sie bei meinem ersten Besuch der Stadt traf, ging es gleich hoch hinaus. Nicht nur auf den Domberg, sondern auf den Turm des Domes. Dort hatte man einen herrlichen Rundblick über die Stadt, was einen Kommilitonen aber nicht erfreute, da er massiv mit seiner Höhenangst kämpfte.

Ein weiterer herausragender Erfurt-Besuch erfolgte 1981 zum 750. Todestag der heiligen Elisabeth. Da waren über 50 000 Christen aus der DDR gekommen und feierten auf dem Domplatz. Am Altar auf den Domstufen waren auch Bischöfe aus Westdeutschland. Beim Papstbesuch 2011 in Erfurt war es ähnlich.

Beim Betrachten des Domes vermisse ich an der Wand eine Kanzel, hinter der früher ein Parabolspiegel für eine optimale Schallausbreitung sorgte. Wahrscheinlich hat man beides entfernt, da es heute ausgefeilte elektronische Tontechnik gibt. Der mannshohe romanische Bronzeleuchter Wolfram steht aber wie eh und je.

Der Abstieg vom Domberg ist etwas erschwert, da gerade die Domstufen-Festspiele stattfinden und nur ein schmaler Gang die Treppen hinab bleibt. Unten gibt es einen Imbiss, wo ich mit Bier und Thüringer Bratwurst eine Abendbrotpause einlege. Es ist so schön, dass ich meinen Stadtbummel verlängere. Zunächst kaufe ich aber erst noch einige Lebensmittel ein, bevor ich bis zur Krämerbrücke und darüber gehe. Die soll die längste mit Häusern bebaute Brücke sein, zumindest nördlich der Alpen. Dahinter schlage ich die Gegenrichtung zum Hostel ein, wo ich nach rund 30 Tageskilometern glücklich und zufrieden ins Bett falle.

AM KREUZWEG

Der Jakobsweg ist in mancherlei Hinsicht auch ein Kreuzweg. Jeder hat auf irgendeine Art sein Kreuz zu tragen. Im harmlosen Falle ist das ein mehr oder weniger schwerer Rucksack. Offenbar gilt das nicht nur für die Wanderer von heute. In früheren Zeiten waren die Leute auch nicht perfekt, so dass mancherorts steinerne Sühnekreuze aufgestellt wurden. Das geschah zur Mahnung oft an Straßen. Ein erstes solches Kreuz am Jakobsweg steht in Eckartsberga in der Alten Straße.

Auf dem Weg von Erfurt nach Gotha sehe ich hinter Frienstedt ein etwa ein Meter hohes Steinkreuz *Der Lukas*. Das Kreuz wurde erst nach 2000 aufgestellt, hatte vermutlich einen älteren Vorgänger. Schön, dass es auch in unserer Zeit hierzulande noch so etwas gibt. Das nächste Steinkreuz steht bei Kleinrettbach und geht offenbar auf den Dreißigjährigen Krieg zurück. Ein weiteres folgt bald bei Grabsleben und hat ebenfalls seinen Ursprung in der Zeit des Dreißigjährigen Krieges. Es sind kaum übersehbare Wegmarken, die zum Denken, Gedenken und Nachdenken anregen.

Wer den vorgeschlagenen Jakobsweg läuft, geht auch im wahrsten Sinne des Wortes den Kreuzweg. So heißt in der Nähe der obigen drei Steinkreuze eine Straße, die den Jakobsweg kreuzt. Ich gehe ihn zumindest einige Meter. Den Kreuzweg in Jerusalem zu gehen, war und ist sicher eine ganz andere Dimension.

Ein weiteres Steinkreuz sehe ich erst wieder am Rennsteig im Thüringer Wald, das ist ebenfalls ein Sühnekreuz und noch älter.

Einen völlig anderen Hintergrund haben die Holzkreuze, die man manchmal an den Straßenrändern sieht. Sie erinnern an tödlich Verunglückte. Sie sind für jeden, der vorübergeht oder -fährt eine Mahnung, dass das Leben endlich ist, dass es jederzeit zu Ende gehen kann.

An einer Uhr an der Südseite des Leipziger Neuen Rathauses wurde von den Erbauern wohlbegründet folgende Mahnung angebracht: Mors certa –

Steinkreuze auf dem Weg von Erfurt nach Gotha bei Kleinrettbach

hora incerta. Das heißt nicht: *Totsicher geht die Uhr falsch,* sondern: *Der Tod ist gewiss – die Stunde ist ungewiss.* Das gilt für alle.

VON ERFURT NACH GOTHA

Am Samstagmorgen stehe ich zeitig auf, da eine weite Reise bis Gotha vor mir liegt. Vor 7 Uhr frühstücke ich mit einem in der Küche aufgebrühten Tee und nutze auch die vorhandene Marmelade. Als ich gehe, kommt eine junge Frau mit großen Kaffeekannen und Obst, was aber nicht für mich gedacht ist. Die junge Frau, die Nachtdienst hatte, ist keine Studentin, wie ich vermutete, sondern Musikerin. Da ist sie nicht die einzige, die von ihrer Kunst nicht leben kann und ein Zubrot braucht. Nachdem ich Zimmer und Hostel vorschriftsmäßig verlassen habe, gehe ich zum Dom, an dem der Jakobsweg vorbeiführt. Ich will mir die Domstufen sparen und gehe westlich um den Dom herum, sehe aber keine weitere Jakobsmuschel.

Da frage ich erst den einen, dann einen anderen älteren Herren, die ich dort sehe. Beide wissen von keinem Jakobsweg. Da gerade eine Mutter mit Kind

Am Samstagmorgen nehme ich Abschied von Dom und Severikirche.

kommt, frage ich die nach dem Symbol mit der gelben Muschel auf blauem Grund, das es hier in der Nähe geben muss. *Einen Jakobsweg gibt es hier? Das ist ja interessant.* Da ich nach Gotha will, schickt sie mich zur Gothaer Straße, wo der Jakobsweg vermutlich verläuft.

Als ich am Theaterneubau bin, den die Wanderer sicher auch sehen sollen, finde ich meine Wegezeichen und laufe auf der Gothaer Straße nach Südwesten. Die Straße führt stetig nach oben und gelangt in Villengebiete mit hübschen Vorgärten. Der Weg ist viel freundlicher als der tags zuvor in die Stadt hinein. Nachfolgend durchlaufe ich Wiesen, vom Morgentau nasse Wiesen, die glücklicherweise in Felder übergehen. Der nasse Wiesenpfad wird zum trockenen Feldweg. Dann bin ich plötzlich wieder in Erfurt, im Ortsteil Schmira, wo eine Straßenbahn-Endstelle ist. Der nachfolgende Wiesenweg macht irgendwann einen verdächtigen Bogen Richtung Erfurt. Zum Glück ist jemand in der Nähe, den ich fragen kann. Der kennt sich aus und schickt mich ein Stück zurück, wo tatsächlich ziemlich versteckt an einer Strauchgruppe die Jakobsmuschel zu sehen ist. Es geht auf Feldwegen weiter bis zur Autobahn

A 71, die ich überquere. Ich komme an der 318 Meter hohen Schmiraer Höhe vorbei, was mir der Pilgerführer verrät. Jetzt müsste ich das Dorf Frienstedt sehen und an der Gaststätte Fürstenhof vorbeikommen. Bis dahin sind es vom Erfurter Zentrum 10,5 Kilometer laut Plan. Da der Weg recht weit oben verläuft, hat man gute Fernsicht auf die im Süden immer bergigere Landschaft, hinten sogar auf den Thüringer Wald. Von den Drei Gleichen - das sind die auf benachbarten Bergkuppen liegenden Burgen Gleichen, Mühlburg und Wachsenburg - sehe ich zuerst die Mühlburg. Dort feierten wir vor nicht langer Zeit einen Familiengeburtstag. Der Weg führt geradeaus über Felder ohne Baum und Strauch, weswegen nirgendwo eine Jakobsmuschel zu sehen sein kann. Dann habe ich ein Erlebnis der besonderen Art. Mein Feldweg endet vor einem frisch gepflügten Streifen, der mit etwa 15 Meter Breite senkrecht zum Weg verläuft. Dahinter ist ein Feld, wo auch kein Weg zu sehen ist.

Der Weg ist hier zu Ende, für mich aber nicht der Jakobsweg. Da ich 200 Meter weiter nördlich eine Buschreihe sehe, vermute ich, da könnte ein Weg sein, und laufe über den frisch gepflügten Acker dorthin. Tatsächlich ist da ein Weg, den ich in westlicher Richtung weitergehe. Kurz danach erreiche ich den nächsten Ort. Das ist aber nicht Frienstedt, sondern Kleinrettbach. Offenbar hat man auch hier den Jakobsweg wegen der Autobahn oder korrekter wegen der Brücke über die Autobahn verlegt. Immerhin führt der neue Weg an Steinkreuzen vorbei, lässt allerdings Frienstedt mit einer Pilgerherberge rechts liegen. Am Ortsausgang von Kleinrettbach ist mir nach einer Pause zumute. Als ich eine Bank unter einer Linde sehe, entschließe ich mich, hier zu rasten. In meiner ersten Pause will ich ein zweites Frühstück zu mir nehmen. Zuvor überlege ich, ob ich danach links oder rechts weiter muss, da nirgends ein Zeichen zu sehen ist. Als ich mein Gepäck auf der Bank abstelle, sehe ich unmittelbar vor mir am Baumstamm den Wegweiser. Der ist allerdings völlig zugewachsen, weswegen ich erst einmal einige Zweige mit meinem Taschenmesser abschneide, damit nachfolgende Wanderer zumindest für vier Wochen die Markierung sehen.

Vor dem Weitermarsch rufe ich in Gotha die im Pilgerführer ausgewiesene preiswerte Pension Maria an, um mir eines der sieben Betten zu sichern. Die Antwort ist ernüchternd. *Wir sind voll ausgebucht. Woher ich überhaupt die Telefonnummer habe. Es dürfte mit Übernachtung schwierig werden, da ein Festival ist.* Das erinnert mich an die Anfrage am Vortag im Augustinerkloster

Die Wegweiser am Stamm waren zugewachsen und nicht erkennbar.

in Erfurt. Ähnlich denke ich, hier sind sicher nicht nur Wanderer oder Pilger untergebracht. So rufe ich das Pfarramt an, wo es eine Herberge mit zehn Matratzen und Dusche geben soll. Da meldet sich eine freundliche Stimme am Anrufbeantworter. Die sagt mir aber nicht, ob noch etwas frei ist, hilft mir also auch nicht weiter.

Vor Grabsleben wird der Weg zu einem Radweg, der ist angenehm zu laufen. In der Ferne sehe ich die Kuppeln von Schloss Friedenstein in Gotha. Das Tagesziel ist immerhin in Sichtweite. Ein Stück vor mir erblicke ich auf einmal zwei Wanderer. Da mich niemand überholt hat, frage ich mich, wo die herkommen, da sie nicht langsamer sind, als ich es bin. Ich laufe meinen schönen Radweg, der schnurgerade nach Tüttleben führt, die Wanderer immer vor mir her. Irgendwo ist am Feldrand ein kleiner Hain mit einer Bank. Die beiden Wanderer rasten hier. Es sind eine junge Frau und ein junger Mann mit großen Rucksäcken samt Isomatte. Ich geselle mich zu ihnen, es kommt zu einem interessanten Gespräch. Sie haben westlich von Erfurt in Frienstedt übernachtet und wollen heute bis Gotha. Dort haben sie ein Quartier bei einem Bekannten. Sie wollen nicht bis nach Vacha, sondern gehen ab Eisenach weiter auf einem anderen Jakobsweg Richtung Köln, auf dem Elisabethweg. Die Frau ist schon auf dem Jakobsweg in Spanien gelaufen und auf einem in Frankreich. Davon zeugt auch ein Wanderstab, in den oben eine Jakobsmuschel geschnitzt ist. Der Bekannte läuft auf ihren Touren immer mal mit, wenn es passt. Ihr Pilgerführer hat sie noch nicht getäuscht, er ist deutlich aktueller als der meine von 2007. Wir vergleichen mehrere Karten, die bei der neueren Auflage alle geändert sind. Schließlich vergleichen wir noch die Entfernungsangaben am hinteren Deckblatt. Da stelle ich fest, der Weg von Gotha nach Eisenach ist neuerdings zwei Kilometer länger. Der Weg von Oberellen nach Vacha ist bei mir mit 20 km, in der Neuauflage mit 26 km angegeben. Das ist schon heftig. Die beiden jungen Leute haben keine festen Wanderschuhe, sondern leichtes Schuhwerk. Schließlich gehen sie weiter und wollen im nächsten Dorf ihre Wasservorräte auffrischen. Bevor ich hinterher gehe, nutze ich die Gelegenheit, um die Schuhe gegen die Sandalen zu tauschen, da der Radweg sehr gut zu laufen ist.

Vor Tüttleben sehe ich links vom Weg ein großes Zelt mit Tischen und Bänken und daneben drei Männer, die gerade ein Sommerfest vorbereiten. Einer ruft mir zu, ob ich nicht ein Bier haben will, wozu ich nicht nein sage. Bei der Hitze bitte ich aber um ein kleines, das ist schön kühl und mundet köstlich. Einer sagt, er könne nicht am Jakobsweg wandern, da er schlecht seine 20 Schafe mitnehmen kann. Da sind wir beim Thema Wölfe, die in der Lausitz schon manches Schaf gerissen haben und vielleicht auch wieder in Leipzig sind. Er hat vor den Wölfen keine Angst. Da einer der drei Männer aus Plauen ist, frage ich ihn, wie dort das letzte Hochwasser der Weißen Elster gewütet hat. Im Gegensatz zu Greiz einige Kilometer flussabwärts, waren die Schäden in der *Hauptstadt des Vogtlandes* vergleichsweise gering. Nachdem die Herren, die etwas kompakter gebaut sind als ich, einen Schnaps getrunken haben, verabschiede ich mich, danke und wünsche ein gutes Fest.

Hinter dem Ortsausgang von Tüttleben ist eine Bank, wo die beiden bekannten Wandersleute mit vollen Wasserflaschen sitzen. Ich frage sie, wie sie dazu gekommen sind, da es sicher keine Einkaufsmöglichkeiten im Ort gibt. Da lerne ich etwas von einer erfahrenen Jakobsweg-Pilgerin. Einen Laden gibt es nicht, aber einen Friedhof und dort eine Pumpe, damit man die Blumen auf den Gräbern gießen kann. Da ich meine Pause schon hinter mir habe, verabschiede ich mich nochmals und wünsche einen guten Weg.

Der Weg ist hier wirklich gut. Der nächste Ort Siebleben, der schon zu Gotha gehört, ist in Sicht. Manchmal sehe ich auch die beiden Kuppeln von Schloss Friedenstein. In Siebleben angekommen stelle ich erfreut fest, dass die Kirche geöffnet ist. Ich habe Glück, dass es zwischen 13 und 15 Uhr ist. Nachdem ich meiner Seele etwas Nahrung gegeben habe, möchte ich auch für das leibliche Wohl vorbeugen. Ich frage den anwesenden Herren nach einer Unterkunft. Die ist fast greifbar nahe. Ich gehe hin, klingele, doch mir wird nicht aufgetan. Hinter einer großen Hausnummer entdecke ich einen zusammengefalteten Zettel mit der Aufschrift *PILGERNACHRICHT*. Nach dem Auseinanderfalten lese ich: *ENDLICH ANGEKOMMEN – DOCH WIR SIND NICHT ZUHAUSE! Das nächste Quartier ist nur wenige Häuser weiter ... Tel. ... Herzlich! Familie ...* Ich rufe die angegebene Nummer an, um wieder festzustellen, dass ein Anrufbeantworter geschaltet ist, der mir nichts nützt. Ich versuche es telefonisch auch nochmals beim Pfarramt in Gotha, doch auch da ist nur der Anrufbeantworter zu hören. Vielleicht ist das ein Hinweis, dass ich die rund vier Kilometer zum Zentrum noch heute laufen soll, damit sie mir am nächsten Tag erspart bleiben.

Beim Weitergehen kommt mir eine Hochzeitskutsche ohne Brautpaar entgegen. Als ich dem Kutscher zurufe, er solle die Brautleute glücklich machen, erwidert er: *Hab' ich schon.* Hoffentlich für lange Zeit, bis dass der Tod sie scheidet.

In Gotha-West sehe ich ein 4-Sterne-Hotel und daneben eine Pension. Dort ist auf einem Schild zu lesen *Zimmer frei* und darunter *Zimmer belegt*. Nicht wissend, was gilt, klingele ich und werde freundlich begrüßt: *Schön, Herr Rademacher, wir haben für Sie ein hübsches Zimmer reserviert.* Da ich nicht Herr Rademacher bin und kein anderes Zimmer in der Pension frei ist, gehe ich weiter. Am Wegrand macht sich ein Bauarbeiter zu schaffen, der mir rät, es doch gleich mal um die Ecke zu versuchen, wo eine Dame vermietet. Dort erfolgt zunächst auf mein Klingeln keine Reaktion, weswegen ich die Leute auf der anderen Straßenseite um Hilfe bitten will. Als ich dann doch eine kleinere Dame am Hof des Hauses sehe, wo ich geklingelt habe, gehe ich zurück und trage mein Anliegen vor. Sie hat nur eine Ferienwohnung, die belegt ist, bittet mich aber in den Garten zu einer schattigen Bank und will mir gern weiterhelfen. Sie hat im Gegensatz zu mir ein Verzeichnis mit allen Hotels, Pensionen und Fremdenzimmern von Gotha. Sie beginnt zu telefonieren. Offenbar haben an diesem Samstag, dem 13., viele geheiratet und diverse Gaststätten samt Unterkünften blockiert. Anderswo ist bereits wegen der 50. EUROPEADE, einem internationalen Folklorefestival, alles ausgebucht, obwohl es erst in einigen Tagen beginnt. Nachdem sie eine ganze Stunde telefoniert hat, kommt doch die erlösende Nachricht. In einem Café mit Pension wartet man auf mich. Der Hausherr hatte mir zuvor abgeraten, am nächsten Morgen ein Stück mit der Thüringerwaldbahn zu fahren, die ähnlich einer Straßenbahn von Gotha nach Waltershausen fährt. Da würde ich zu weit von dem Weg nach Eisenach abkommen. Er gibt mir schnell noch einen Innenstadtplan und zeichnet mir die Pension ein. Auf dem Plan lese ich *GOTHA ADELT*. Das ist ein für mich etwas antiquiertes Leitwort. Ich spreche den Helfern meinen tiefsten Dank aus, da ich ohne diese Hilfe sicher größte Probleme bekommen hätte. Dann gehe ich entsprechend der Hinweise noch einen Kilometer erst die Straße runter, dann nach rechts über die Straßenbahngleise hinweg und sehe ein sehr hübsches Café, wo einige Leute den sonnigen Sommernachmittag mit Eis abkühlen. Innen erwartet mich eine couragierte Frau, die mir sagt, dass sie mit Frühstück 40 Euro nimmt bei Vorkasse. Das akzeptiere ich umgehend. Der Wunsch nach einem ruhigen Zimmer auf der der Straße abgewandten Seite kann erfüllt werden. Im Zimmer fühle ich mich bestens aufgehoben und folge der bekannten Zeremonie, indem ich mich dusche und dann hinlege. Nachdem ich mich etwas regeneriert habe, wasche ich zuerst Wäsche und Socken und hänge sie zum Trocknen auf. Dann mache ich mich auf den Weg, um einige Lebensmittel einzukaufen und nach Möglichkeit einen Stempel in meinen Pilgerführer zu ergattern. Dazu möchte ich die ehemalige Residenzstadt Gotha etwas erkunden, wo ich noch nie war. Als ich eine Etage tiefer in der Gaststube bin, wird diese gerade geschlossen. Frau Wirtin verrät mir aber noch, wo unweit ein Supermarkt und eine Gaststätte sind, und dass wir uns am Morgen zum Frühstück wiedersehen. Das vereinbaren wir für 7 Uhr.

Die Lage meiner Pension ist nahezu ideal. Zur Einkaufsstelle ist es nicht weit. Da diese bis 20 Uhr geöffnet hat, verschiebe ich den Einkauf auf den Rückweg und gehe erst durch den Schlosspark, um dann zum Schloss selbst zu gelangen. Am riesigen Schlosshof sehe ich Personal, das ich nach einem Stempels frage. Das erscheint zwar ungewöhnlich, ich erhalte ihn dennoch *STIFTUNG SCHLOSS FRIEDENSTEIN GOTHA MUSEUMSKASSE*. Das hat geklappt, so dass ich mich ohne Zeitdruck, es ist fast 18 Uhr, weiter umsehen

Blick auf Schloss Friedenstein in Gotha von der Stadtseite

kann. Als ich auf der anderen Seite das Schloss verlasse, blicke ich von oben auf die Altstadt von Gotha. Jetzt wird mir klar, warum ich von der Ferne nur die beiden Kuppeln des Schlosses gesehen habe. Es steht auf einer Anhöhe. Ich gehe aber nur einige Stufen nach unten, wo ein weiterer Platz ist mit einem Brunnen und einem Denkmal, worauf *ERNST DER FROMME* steht. Der herrschte im 17. Jahrhundert im Herzogtum Sachsen-Gotha-Altenburg. Thüringen gab es nur bis zum Mittelalter, ging dann an die Wettiner beziehungsweise an Sachsen, gehörte teilweise zu Preußen und lebte erst nach dem Ersten Weltkrieg wieder auf.

Den Weg durch die Altstadt werde ich am kommenden Morgen gehen. Ich schlendere durch den Park zurück zur Verkaufsstelle. Da ich keine Lust mehr habe, mich in eine Gaststätte zu setzen, kaufe ich etwas für mein Abendbrot ein und für die Wegzehrung am kommenden Tag. Der wird schon wegen der Länge der Wegstrecke etwas Besonderes.

In der Pension sehe ich eine quadratische Karte, worauf der Freistaat Thüringen abgebildet ist. Allerdings fehlt darauf ein Großteil des Altenburger Landes und speziell die Stadt Altenburg. Irgendwie erscheint mir das symptomatisch, da sich die Ostthüringer vermutlich nicht zu Unrecht von der Regierung in Erfurt vernachlässigt fühlen. Man hört immer mal, dass für die Regierenden Thüringen westlich von Jena aufhört, spätestens westlich von Gera.

Der Tag hatte früh begonnen. Der Weg von Erfurt nach Gotha war rund 27 Kilometer lang, dazu bin ich abends nochmals mindestens einen Kilometer in der Stadt umhergewandelt. Halb 9 Uhr liege ich im Bett.

STRASSEN UND WEGE

Wer den Jakobsweg durch Sachsen, Sachsen-Anhalt und Thüringen läuft, geht auf Straßen und Wegen von der Bundesstraße bis zum Wiesenpfad. Straßen und Wege verbinden. Autobahnen und Bahnlinien sind aber für Wanderer eher Hindernisse, da man irgendwo eine Brücke oder eine Unterführung finden muss, um sie zu über- oder unterqueren. Das führt manchmal zu Umwegen, Irrwegen und Sackgassen, die nicht immer vermeidbar sind.

Zwischen Straße und Weg muss kein großer Unterschied sein. Nur haben Wege in der Regel keine Namen. Auf Feldwegen bewegt sich der Wanderer auf dem Jakobsweg häufig. Auch auf Wiesenwegen und Waldwegen, wo die Übergänge fließend sind. Links kann ein Wald sein, rechts ein Feld. Zwischen den Feldern kann auf dem Weg Gras wachsen. Wenn das recht hoch ist, wird es auf Dauer für den Wanderer recht beschwerlich. Ist das Gras auf dem Weg gemäht und liegt als Heu herum, komme ich mir wie bei einem Hindernislauf vor. Ist ein Wiesenweg nass, sind es die Schuhe meist auch bald, und es drohen verstärkt Blasen am Fuß. Zum Glück regnet es auf meinem Weg bis Vacha nicht. Dennoch sind einige Wiesenwege durch den Morgentau feucht, so dass ich mir lieber einen trockenen Feldweg wünsche. Wenn mir dann auf einem staubtrockenen Feldweg jedoch ein Traktor entgegenkommt und mich in eine Staubwolke ähnlich eines Saharasturms hüllt, bin ich auch nicht erfreut. Feld-, Wald- und Wiesenwege sind oft ausgefahren und holprig, so dass man, um nicht zu stolpern und zu stürzen, mehr auf den Boden schauen muss anstatt in die Ferne. Tiefgründiges Meditieren ist dann ausgeschlossen. Frisch asphaltierte Wege und Landstraßen sind ein viel einfacheres Geläuf. Auf ihnen kann ich auch mal mein Haupt etwas länger gehoben lassen und komme deutlich zügiger voran.

Wegzeichenhäufung im Thüringer Wald

Da es immer mehr Radwege gibt, auch Fernradwege, führt der Jakobsweg nicht selten auf solchen entlang. Viele sind asphaltiert. Scheint die Sonne aber mit voller Kraft auf einen solchen Weg, dann wird es nicht nur von oben, sondern auch von unten ganz schön heiß. Einen idealen Weg gibt es nicht und kann es nicht geben. Ich habe für mich aber einen optimalen Weg herausgefunden. Erstmals laufe ich bei dieser Tour auf einem solchen von Freyburg Richtung Naumburg, später beispielsweise auch ein gutes Stück Richtung Gotha. Es ist ein Radweg mit zwei betonierten Streifen von jeweils etwa 80 cm Breite. Dazwischen liegt ein ähnlich breites freies Stück. Zumindest auf einer Seite sollte freie Sicht sein. Zudem sollte es ab und an einen Baum oder etwas Anderes geben, wo ein Schild angebracht ist. So weiß man, man ist auf dem richtigen Weg.

Kritisch ist es auf Feldwegen ohne Strauch und Baum, wenn ein weiterer Feldweg kreuzt oder wenn gar der Weg sich gabelt. Da sieht man keine Jakobsmuschel, manchmal hilft ein Blick auf die Karte im Pilgerführer, manchmal das Bauchgefühl. Zum Fragen ist dort meist niemand in der Nähe.

In Deutschland haben in Städten und Gemeinden alle Straßen einen Namen, zumindest solche, wo es Anlieger gibt, wo Menschen wohnen. Die Zeiten, wo jedes Haus ein Hauszeichen, etwa den *Weißen Hirsch* oder den *Blauen Hecht* hatte, sind vorbei und auch die, wo alle Häuser durchnummeriert waren. So läuft man in Leipzig beispielsweise auf der *Jacobstraße*, in einem Erfurter Vorort auf einer Straße namens *Jakobsweg*. In einem Dorf war eine Straße gerade umbenannt worden und heißt *Am Jakobsweg*, das alte Namensschild *Feldstraße* war vorschriftsmäßig noch zu lesen, aber rot überklebt.

Im Gegensatz dazu haben die Straßen außerhalb der Orte immer noch Nummern, etwa S 4, B 7 oder A 71 für Staatsstraßen, Bundesstraßen oder Autobahnen. Immer mehr Straßen erhalten aber aus touristischen Gründen Zusatznamen. So liegen in Sachsen-Anhalt die ersten Stationen meines Weges alle an der Straße der Romanik.

Durch Freyburg und Naumburg führt auch die Weinstraße Saale-Unstrut. Warum soll es eine solche im nördlichsten Weinanbaugebiet Deutschlands nicht geben? Diese Straßen waren mir bekannt. Die Marketing-Leute lassen sich aber immer mehr einfallen, und die Politiker, die es bestätigen müssen, segnen es ab. So laufe ich beispielsweise bei Gotha auf der Klassikerstraße,

Radweg vor Gotha – ein für mich optimaler Wanderweg

die es nur in Thüringen gibt, und später südlich des Thüringer Waldes auf der Deutschen Fachwerkstraße, die sicher weiter nach Hessen führt.

Ob die Straße der Braunkohle, auf der ich hinter Merseburg ein Stück laufe, ein touristischer Magnet ist, wage ich zu bezweifeln. Aber die Braunkohlegruben sind dort wie auch im Umfeld von Leipzig meist gut renaturiert, die Tagebaulöcher meist Seen.

Die Via Regia erlebt nicht nur als Jakobsweg eine Renaissance. Sie gilt als älteste und längste Landverbindung in Europa. Da sie eine Reihe europäischer Länder von Spanien bis zur Ukraine verbindet, gilt sie als Sinnbild der Einigung Europas. Die Via Regia und auch die Transromanica wurden 2007 als Große Kulturstraße des Europarates ausgezeichnet. Im nordwestlichen Zentrum Leipzigs findet man am Jakobsweg einen Hinweis darauf.

Es gibt nicht nur die Straße, sondern auch Fernradwege, auf einem solchen laufe ich ab Frankleben. Wie an vielen Flüssen gibt es auch an der Unstrut einen Radweg, der von der Quelle in Kefferhausen bis zur Mündung in die Saale führt und dort als Saale-Radwanderweg weitergeht. Das lehrt mich eine Landkarte am Rand dieses Weges. Den laufe ich von Freyburg bis Naumburg-Roßbach entlang der Unstrut. Auf dem Fluss fahren ab und an auch Fahrgastschiffe. Folgt man dem Jakobsweg bis Naumburg, was ich nicht mache, muss man mit der Fähre die Saale überqueren. Allerdings frage ich mich, ob nach der Flut vor einigen Wochen die Fähre wieder in Betrieb ist. Wasserwege sowie Luftwege und Schienenwege will ich aber hier nicht vertiefen und beim Jakobsweg bleiben.

Etwas irritierend ist für mich, als ein Jacobsradweg ausgeschildert ist, der in beide Richtungen führt. Der Jakobswanderweg hingegen kennt nur die Richtung West oder Südwest. Ein weiteres Beispiel für einen Rad-Fernweg ist der, welcher die Thüringer Städtekette verbindet, zumindest Eisenach und Gotha, dann wahrscheinlich weiter Erfurt, Weimar, Jena und Gera. Auf ihm laufe ich im Hörseltal rund zehn Kilometer nach Eisenach.

Goethe ist für Vieles gut, für die Klassikerstraße in Thüringen, aber auch für einen Goetheradweg, eine Rad-Acht entlang der Flüsse Saale, Unstrut und Elster. Dieser Weg verläuft durch Eckartsberga. Goethe wird sogar dort vermarktet, wo er keine Spuren hinterlassen haben kann, weil er nicht dort war. Das zeigt ein Beispiel von Lampertswalde, wo sehr groß *Hier war Goethe* und klitzeklein *nie* steht.

Wanderwege für Fußgänger gibt es ebenfalls reichhaltig. Neben dem Jakobsweg durch Sachsen-Anhalt und Thüringen, auf dem ich unterwegs bin, ist für mich der Lutherweg der markanteste. In der Nähe der Wartburg gibt es ihn offenbar schon etwas länger. Er wird vor dem Luther-Jubiläum im Jahr 2017 in mehreren Bundesländern kräftig ausgebaut. 2017 wird das Jubiläum 500 Jahre Reformation begangen, was viele Gäste anlocken soll. So wird kräftig investiert in der Hoffnung, es kommt ein Gewinn heraus. Der soll nach Möglichkeit ein mehrfacher sein, nämlich geistlich, körperlich und finanziell. Dass das Jubiläum ein Grund zum Feiern ist, wage ich zu bezweifeln. Einer zum Gedenken ist es allemal.

Es gibt viele weitere Ausschilderungen von Wanderwegen, die ich oft nicht deuten kann. Insbesondere die Kennzeichnung E2 gibt mir Rätsel auf. Um den Europäischen Fernwanderweg 2 handelt es sich vermutlich nicht. Den Fernwanderweg E3, der vom Atlantik über die Pyrenäen, die Ardennen, das Erzgebirge und die Karpaten an das Schwarze Meer führt, bin ich schon ein kleines Stück im Erzgebirge gewandert.

Er ist dort so ausgeschildert, wie es sich für einen 8000 km langen Europäischen Fernwanderweg gehört. Auf einem Wegstück im Thüringer Wald bin ich immerhin mit einem Mal auf mindestens sechs mehr oder weniger unterschiedlichen Wegen unterwegs. Dazu gehören der Jakobsweg, der Lutherweg, der ominöse E2 und weitere Wege, die ich nicht kenne. Einer dürfte doppelt ausgewiesen sein.

Oft sage ich mir, es wäre besser, wenn mehr Menschen wanderten. Es täte ihnen, ihrer Psyche und ihrer Gesundheit gut. Ob dazu immer mehr Wanderwege beitragen, wage ich zu bezweifeln. Hier könnte auch gelten: *Weniger ist mehr.* Schließlich kostet Wegebau Geld, was oft knapp bemessen ist. Zudem ist ohne Wartung und Pflege jeder Weg bald unpassierbar und wird nach und nach von der Natur zurückerobert.

VON GOTHA NACH EISENACH

Der Sonntagmorgen beginnt wie die Tage zuvor mit Waschen und Packen. Um 7 Uhr werde ich als erster Gast mit einem festlichen Morgenmahl von Frau Wirtin begrüßt. Sie erzählt mir, sie hat am Vorabend auch noch Gäste abweisen müssen. Die waren im Gegensatz zu mir aber mit Auto. Das ist heute auch für mich ein Thema, denn je nach Pilgerführer sind es bis Eisenach 31 oder 33 Kilometer. Das ist mir zu viel. Auf ein Quartier unterwegs reflektiere ich wegen der gehabten Erfahrungen gar nicht erst. So laufe ich zuerst durch den Schlosspark, wo das Schloss in der Morgensonne leuchtet.

Ein Morgengruß von Schloss Friedenstein in Gotha

Dann geht es hinab in die Altstadt, vorbei an interessanten Gebäuden wie dem roten Rathaus. Die Jakobsmuschel sehe ich zwar wieder, sie interessiert mich im Moment weniger, da ich auf der Straße laufen will, wo mich hoffentlich ein Autofahrer in eines der nächsten Dörfer mitnimmt. Zunächst weist mich ein Wegweiser nach Eisenach in eine Richtung, die mich zu einem Umweg von mehreren Hundert Metern verleitet. Und das bei dieser Tagestour! Die Straße führt bergan. Kein Auto hält. Die meisten biegen aber gleich in eine Seitenstraße ab, was mir nichts genutzt hätte. So laufe ich am Ortausgangsschild von Gotha vorbei und sehe eine Bushaltestelle. Der Fahrplan verrät, dass sich auch die Busse am Sonntag rarmachen. Also laufe ich weiter und hoffe auf ein Auto, das mich mitnimmt.

Als ich fast in Trügleben angekommen bin, hält tatsächlich ein Auto mit einem älteren Paar. Die nehmen mich bis zum benachbarten Aspach mit. Sie erzählen mir, der Jakobsweg verläuft nur wenig weiter im Norden. Dort fahren sie auch öfters mit dem Fahrrad. Nach rund zwei Kilometern Fahrt werde ich an der Dorfkirche abgesetzt. Mein Versuch hineinzugehen scheitert, da die Kirche verschlossen ist. Um sie herum ist ein Friedhof, wo auf einem Grabstein steht: *NUR DIE BESTEN STERBEN JUNG.* Ich denke unweigerlich: *Wen die Götter lieben, der stirbt früh.* Das wurde während meines Studiums insbesondere auf den mit 21 Jahren nach einem Duell verstorbenen französischen Mathematiker Galois bezogen.

Dies noch bedenkend, hält ein Kleintransporter auf mein Winken. Ein junges Paar rückt auf der Bank zusammen, dass auch ich noch Platz habe. Ich erzähle von meiner Wanderung. Das veranlasst die überaus netten Leute, mich nicht im nächsten Ort abzusetzen, der ihr Ziel ist, sondern mich in den übernächsten Ort Mechterstädt zu fahren. Als ich mich von ihnen verabschiede, wünsche ich ihnen, sie mögen in dem Sinne nicht zu den Besten gehören, dass sie jung sterben. Sie lachen und fahren zurück. Ich hingegen suche einen Weg, um die Bahngleise zu queren. Eine exklusive Unterführung ermöglicht das. Hier verläuft die ICE-Strecke, auf der ich demnächst zurück nach Leipzig fahre. Am Ende der Unterführung stelle ich Blut an meiner rechten Hand fest, irgendwo habe ich die Haut etwas angeritzt. Die Wunde decke ich mit Pflaster ab, nachdem ich mit mäßigem Erfolg die Hand gereinigt habe. Dann geht es den Weg nach oben, wo der Jakobsweg sein muss. Als ich den erreiche, sehe ich eine Markierung mit einem Gebet.

Wegzeichen bei Mechterstädt

HERR, sei gepriesen für Sonne, Mond und Sterne,
für Regen, Frost und Hitze.
HERR, wir danken Dir für Blüten und Früchte,
für die Tiere in Wald und Feld und die Vögel in der Luft.
HERR, wir bitten Dich für alle, die auf den Feldern
und in den Wäldern arbeiten.
HERR, wir bitten Dich für unser Dorf und alle,
die hier wohnen und Herberge suchen.
HERR, wir bitten Dich besonders für den Menschen, der die Wegzeichen
hier immer wieder zerstört.
Schenke ihm und uns immer wieder ein Zeichen Deiner Liebe, damit wir
uns nicht verirren.
HERR, segne und bewahre uns zum ewigen Leben. Amen.

In Gedanken füge ich hinzu: HERR, ich danke Dir für die Menschen, die die Wegzeichen immer wieder in Ordnung bringen, und für jene, die den Pilgerführer ab und an aktualisieren.

Ich bin auch dankbar, dass ich bis Mechterstädt per Anhalter mitgenommen wurde. Das ist der letzte Ort vor den Hörselbergen, wo ich ohne Probleme den Jakobsweg noch erreichen kann. Andernfalls hätte ich im Tal weiter gemusst. In meinem Pilgerführer verläuft die Autobahn A 4 noch am Rande der Hörselberge. Auf dieser ehemaligen Autobahn, so erinnere ich mich, kam ich vor Jahren bei einer recht steilen Abfahrt kurz vor Eisenach arg ins Schlingern. Nur mit Mühe konnte ich bei reduzierter Geschwindigkeit das Auto einigermaßen in der Spur halten. Später, als ich durch Eisenach hindurch war, stellte ich fest, dass ein Reifen kaputt war. Das hätte auch anders ausgehen können.

Jetzt verläuft die Autobahn in großem Bogen nördlich der Hörselberge. Ich muss die Autobahn also überqueren. Zuvor laufe ich aber durch Burla, das einen kleinen Friedhof hat. Hier denke ich an die Lektion von gestern. Es gibt tatsächlich einen Wasserhahn, wo ich zwar kein Wasser trinke, mir aber die Hände ordentlich waschen und von dem restlichen Blut befreien kann. Von der Autobahnbrücke hat man nach Süden einen schönen Blick auf den Inselsberg am Rande des Thüringer Waldes. Vor mir erhebt sich der 484 Meter hohe Große Hörselberg. Zuvor komme ich nach Hastrungsfeld, das erstaunlicherweise hinten im Pilgerführer als Etappenort angegeben ist anstelle des größeren

Blick vom Großen Hörselberg über das Hörseltal zur Wartburg

Mechterstädt, wo es auch eine Pilgerherberge gibt. Ab Hastrungsfeld geht es zunächst zwischen Feldern nach oben. Bevor der Wald beginnt, sehe ich eine Bank. Gelaufen bin ich inzwischen etwa zwölf Kilometer, zunächst sieben ab Gotha, dann ab Mechterstädt nochmal fünf. Zwischendurch wurde ich gefahren. Ich habe eine Pause nötig, raste und mache ein zweites Frühstück. Danach beginnt der Steilaufstieg, bei dem mir mein Schirm als Stütze dient. Oben angekommen, wird der Aufstieg belohnt mit einem herrlichen Ausblick bis hin zur Wartburg, die über Eisenach thront.

Zu meinem Erstaunen geht der Weg nicht am Kamm zum Kleinen Hörselberg weiter, sondern bergab. An einer Weggabelung, wo ich wieder einmal keine Jakobsmuschel sehe, rollt plötzlich an mir eine Nektarine vorbei, die aus meinem Rucksack stammen muss. Ich betrachte das als doppelten Hinweis. Zum einen, dass ich endlich meinen Rucksack richtig schließen soll, was ich nach der Rast vergessen hatte, zum anderen, dass ich den Weg nach unten gehen soll. Der führt immer weiter hinab Richtung Bahnhof Schönau. Irgendwo wird auf ein Jesusbrünnlein hingewiesen.

Am Wegesrand gehen schließlich Stufen zu diesem nach oben. Die Quelle ist solide gefasst. Auf einer ovalen Tafel darüber ist zu lesen:

Hoch auf dem Hörselberge hielt unter treuer Hut
ein Schäfer seine Herde in heißer Sonnenglut.
Die armen Schäfchen lechzten nach einem Wasserstrahl.
Der Hirte selber wankte matt von des Durstes Qual.
Wohin er ging und blickte vertrocknet war der Quell,
vertrocknet Fluß und Bächlein, ihn labend sonst so hell.
Da fällt er auf die Kniee und stammelt im Gebet,
indes vor seinen Augen sich Erd' und Himmel dreht.
Mein Jesus, lieber Heiland, hilf gnädig mir durch Gott,
o hilf, o hilf mir Armen aus solcher großen Not!
Und als er zu dem Himmel noch betend sah empor,
sprang aus dem nahen Felsen ein frischer Quell empor.
Dem Heiland freudig dankend streckt aus er seine Hand
und schöpfte neues Leben sich von der Felsenwand.
Und nie seitdem versiegte der kühle Gnadenquell,
das Jesusbrünnlein rieselt noch heute silberhell.

Jesusbrünnlein am Hörselberg

Eine schöne Geschichte. Moses hat es erreicht, dass aus dem Felsen in der Wüste Wasser für die Israeliten kam. Im Wallfahrtsort Lourdes wurde nach Marienerscheinungen eine Quelle freigelegt. Warum soll dem Hirten am Hörselberg nicht etwas Ähnliches passiert sein? Jedenfalls trinke auch ich von dem kühlen Quellwasser und raste auf einer der dort stehenden Bänke. Als eine Gruppe nach oben kommt, gehe ich nach unten und weiter Richtung Schönau. Dabei freue ich mich, das Jesusbrünnlein gesehen zu haben, obgleich es nicht direkt am Jakobsweg rinnt. Mittlerweile finde ich meinen Weg auch deshalb gut, weil er sacht ins Tal führt. Ab dem Kleinen Hörselberg hätte ich, nach meiner Karte zu urteilen, vermutlich einen Steilabstieg gehabt. Der wäre meinen Knien nicht gut bekommen. Als ich eine Bank sehe, mache ich eine Telefonpause und wähle das Diakonissenhaus in Eisenach, das auch als Pilgerherberge ausgewiesen ist. Da erreiche ich telefonisch leider nichts und gehe weiter. Im Hörseltal unten angekommen, sehe ich mehrere Wegweiser. Ich bin auf einer Straße, die auch Radweg ist. Nach links sind 28 Kilometer nach Gotha ausgewiesen, nach rechts 9,2 Kilometer nach Eisenach.

Derartige Schilder begleiten mich bis Eisenach. An einem Gasthaus hat man einen Blick auf die Felsen des Kleinen Hörselbergs. Ein Glück, dass ich nicht von da oben runter musste. Die Radweg-Schilder weisen hier nach Gotha 31 und nach Eisenach 6,3 Kilometer aus. Der Weg oberhalb der Hörsel läuft sich angenehm. Das Flüsschen sehe ich durch die Bäume nicht, höre es aber zeitweise. Ab und an begegnen mir Radfahrer, manchmal auch Familien mit Kindern. Sie machen ihren Sonntagsausflug. Wanderer zu Fuß sehe ich nicht. Fußgänger gibt es erst wieder in Eisenach.

Hinter Wutha-Farnroda führt der Weg unter der ICE-Trasse hindurch und anschließend ab Rothendorf an dieser entlang nach Westen. An der Unterführung ist erstmals auch die Hörsel zu sehen, die weiter nach Eisenach und zur Werra fließt. Sie begleitet mich bis Eisenach.

In Bahnhofsnähe muss eine Pilgerherberge sein. Tatsächlich gelange ich zum Karlsplatz mit dem Diakonissenhaus. Die benachbarte Kirche ist zu. In das Diakonissenhaus kann ich hinein, stehe vor einer verschlossenen Tür und sehe eine Anlage mit vielen Knöpfen und einer Beschreibung der Sprechanlage. Die Schwester, die nach meinem Pilgerführer Ansprechpartner ist, gibt es auf der Liste nicht. An der Nummer der Pforte nimmt niemand ab. Nach mehreren Versuchen gehe ich wieder auf die Straße und lasse den Diakonissen ihre

Nachmittagsruhe. Auf der anderen Straßenseite steht ein Steigenberger-Hotel, was mir zu nobel ist. Ich sehe einen Fahrradfahrer am Straßenrand stehen, der sich an einem Laptop schafft. Meine Vermutung, er ist vom Ordnungsamt und kennt sich hier aus, stimmt leider nicht. Seine Bemühungen scheitern, per Computer eine Pension in Eisenach ausfindig zu machen. An einem Brunnen am selben Platz gibt eine Dame anderen Personen Erläuterungen. Die kennt sich tatsächlich aus, schickt mich zur Touristen-Information am Markt und versichert, diese hat auch am Sonntagnachmittag geöffnet.

Nachdem ich durch eine Fußgängerzone gewandelt bin, sehe ich am Markt tatsächlich die Information und werde von einer jungen Dame umgehend und kompetent bedient. Sie hat etwas für mich ganz in der Nähe, fragt dort nochmals telefonisch zurück und macht dann gleich die Buchung fertig. Sie drückt mir schließlich einen Innenstadtplan und sechs Blätter in die Hand. Auf jedem steht oben: *Tolle Burg – tolle Stadt!* Dann steht auch noch, ich habe mit Frühstück und Tourismusabgabe 36 Euro zu bezahlen. Alles andere lese ich nicht durch und eile nicht ganz auf dem kürzesten Weg zur Straße *Wolfgang*, die nicht etwa Wolfgangstraße heißt.

An der Pension steht ein slawischer Name. Es öffnet ein Herr im besten Mannesalter. Er hat um den Hals ein orthodox anmutendes Kreuz und spricht mit leichtem Akzent. Er stammt aus Bulgarien und lebt schon lange in Eisenach, ist aber immer wieder gern in der alten Heimat, die mit dem Schwarzen Meer, den Rhodopen, dem Rila-Gebirge und dem Witoscha-Gebirge unmittelbar südlich der Hauptstadt Sofia viel Schönes zu bieten hat. Das sind für mich alles bekannte Namen. 1968 hatte ich mit einem Kommilitonen eine Rucksackreise nach Bulgarien unternommen. Mit dem Zug fuhren wir über die Tschechoslowakei, Ungarn und Rumänien bis Sofia. Dort bestaunten wir das südlich angrenzende Witoscha-Gebirge, wo man im Winter Ski fahren kann, und die Alexander-Newski-Kathedrale, die mit ihrer Größe und Akustik beeindruckte. Auch heute noch habe ich Tonträger, die dort aufgenommen wurden. Anschließend ging es ins Rila-Gebirge, wo wir mit leichtem Gepäck an einem Tag den Musala erklommen, den mit knapp 3000 Metern höchsten Berg der Balkan-Halbinsel. Er ist höher als der Olymp in Griechenland, was die Bulgaren besonders freute und wohl auch noch freut. Das Rila-Kloster im Talkessel war ein unvergessliches Erlebnis und eine Reise wert. Am Schwarzen Meer erholten wir uns am Sonnenstrand bei Nessebar, wo wir die teilweise

Brunnenfigur St. Georg vor der Georgenkirche Eisenach

rechte Seite: Am Markt sind Tourist-Information, Rathaus und Georgenbrunnen.

uralten Gebäude der auf einer Halbinsel liegenden Altstadt bestaunten. Da das Geld und preiswerte Quartiere knapp waren, schliefen wir hier auch eine Nacht im Freien. Warm genug war es. Unser Rückweg per Bahn führte uns wieder nach Ungarn. Hier war zunächst in Budapest Endstation.

Da am 21. August 1968 die Truppen des Warschauer Pakts in die Tschechoslowakei einmarschiert waren, um den Prager Frühling zu zerschlagen, gingen keine Züge nach Norden ins Kriegsgebiet. Da wir kein ungarisches Geld hatten, gingen wir zuerst zur DDR-Botschaft, bekamen einen Obulus und die Aussage, wir sollen abwarten. Erstaunlicher Weise wurde am Nachmittag ein Zug nach Leipzig eingesetzt. Der war recht bald voll, voller, übervoll. Der Zug fuhr nicht nach Norden, sondern zunächst nach Osten in die Sowjetunion, genauer durch die westliche Ukraine. Dort fuhr er nach Norden und schließlich nach Osten durch ganz Polen, um bei Görlitz in die DDR zu gelangen.

Aus der 5-Länderreise war eine 7-Länderreise geworden, und das ohne Visum für die Sowjetunion und Polen! Diese Zugfahrt wird unvergessen bleiben. Waren anfangs die Stehplätze eng besetzt, hatte nachts jeder irgendwie eine bequemere Stellung gefunden; im Gepäcknetz, unter der Sitzbank, liegend im Gang, sitzend in der Toilette. Dennoch waren wir alle dankbar, wieder

auf dem Weg nach Hause zu sein. So ähnlich muss es am Ende des Zweiten Weltkriegs in den Flüchtlingszügen ausgesehen haben.

Ich bin aber nicht in Bulgarien oder auf der Flucht. Ich beziehe gerade in einem modern sanierten Altbau in Eisenach mein hübsches Quartier. Nach Duschen und Ausruhen steht ein Stadtrundgang an, zu dem ich meinen Pilgerführer wegen eines Stempels mitnehme. Den müsste ich beim Tourismusbüro bekommen.

Am Markt komme ich zunächst an der Georgenkirche vorbei, in der gerade ein Orgelkonzert stattfindet. Ich frage dennoch beim Einlassdienst, ob ich einen Stempel bekommen kann. Während ich die letzten Takte der Orgel höre, erhalte ich den Stempel: *GEORGENKIRCHE EISENACH Traukirche der Hl. Elisabeth.* So alt sieht die Kirche nicht aus, wahrscheinlich war die Trauung in einem Vorgängerbau.

Vor der Kirche steht auch noch ein Brunnen mit einer Figur des heiligen Georg. Der ist der Schutzpatron von Eisenach. In der Fußgängerzone lassen es sich viele Menschen gut gehen. Ich überlege, ob ich hier zu Abend speise, nehme aber nur ein Eis, da ich auf dem Weg zur Altstadt eine hübsche Gaststätte mit Wanderherberge entdeckt hatte. Dorthin gehe ich auf dem

Rückweg. Im Biergarten unter einem Baum erhalte ich ein wunderbar mundendes kühles Bier und später ein genauso gutes Essen. Ein Quartier hätte ich in der Wanderherberge nebenan auch noch bekommen können. Obwohl der Baum, unter dem ich sitze, kein Lindenbaum ist, kommt mir das Lied in den Sinn: *Kein schöner Land in dieser Zeit, als hier das unsre weit und breit, wo wir uns finden wohl unter Linden zur Abendzeit.* Es ist wirklich schön hier und in dem Land, das ich die letzten Tage durchwandert habe.

Da ich heute insgesamt wieder rund 28 Kilometer gelaufen bin, gehe ich abgespannt in meine Pension und halb 8 Uhr ins Bett, wo ich noch etwas fernsehe. Für den nächsten Tag überlege ich, ob ich wegen der unsicheren Übernachtungsmöglichkeit nicht doch gleich bis Vacha ziehen sollte.

VON EISENACH NACH VACHA

Der heutige Montag ist ein Festtag. Da haben mein Bruder und seine Gattin Goldene Hochzeit. Gesundheitsbedingt wird die aber nicht groß gefeiert. Eine Schwester vertritt die Geschwister.

Zum wieder sehr reichhaltigen Frühstück frage ich Frau Wirtin, ob sie weiß, ob es in Wünschensuhl eine Pension gibt. Das liegt etwa zwei Kilometer hinter dem kleineren Ort Oberellen, von dem es laut meinem Pilgerführer noch 20, nach dem aktuelleren noch 26 Kilometer bis nach Vacha sind. Sie kennt keine und findet auch bei einer Internetrecherche nichts. Dadurch steigt die Wahrscheinlichkeit, dass ich versuche, mit Hilfe von Autos heute bis Vacha zu kommen.

8 Uhr marschiere ich los. Es geht steil nach oben zur 411 Meter hoch gelegenen Wartburg zunächst auf einer Straße, dann auf einem Waldweg. Viele Wege führen auch zur Wartburg. Da die ganz oben am Berg ist, schlage ich den kürzesten Weg nach oben ein. Oben ist jedoch keine Wartburg, die sehe ich auf der nächsten Bergkuppe.

Also kraxele ich mit Hilfe meines Schirms wieder nach unten auf einen größeren Weg. Den ersten Umweg an diesem Tag habe ich hinter mir und schwitze bereits. Schon von weitem sieht man, dass die Wartburg eine Baustelle ist. Sie wird zum Lutherjubiläum 2017 herausgeputzt. Auf der Wartburg hat Luther bekanntlich die Bibel ins Deutsche übersetzt.

Die Wartburg bei Eisenach ist Baustelle.

Zur Wartburg erfolgt ein weiterer steiler Anstieg. Die Eselstation, wo man ansonsten hoch reiten könnte, ist noch verwaist. Am Burginnenhof frage ich, wo der Jakobsweg weitergeht. Der eigentliche Weg ist wegen der Bauarbeiten gesperrt. Ich soll erst nach unten und dann wieder nach oben gehen. So steige ich zum Fischerturm auf. Das war aber wiederum ein Irrweg, und ich muss zurück. Schließlich schlage ich einen Weg ein, der zum Rennsteig führen soll. Dorthin muss ich, wenn ich auf dem Jakobsweg weiter will.

Als ich einen wildromantischen Weg zwischen Felsen hinabsteige, kommt mir ein Crossläufer entgegen, der nach oben rennt. Er bestätigt mir, auf dem richtigen Weg zu sein, der zunächst bis zur Sängerwiese führt. Jetzt fange ich langsam an, die wildromantische Natur zu genießen. Das fällt mir umso leichter, da der Weg immer bequemer wird und auch die Jakobsmuschel ab und an zu sehen ist. Ich erreiche die Sängerwiese, wo auch ein Gasthaus steht. Es geht weiter zur *Wilden Sau*. Dort trifft der Weg auf den Rennsteig, den Höhenweg durch den gesamten Thüringer Wald. Der ist sowohl Wander- als auch Radweg.

Sechs Kilometer hinter mir liegt inzwischen die Wartburg, acht Kilometer hinter mir Eisenach. Auf einer kleinen Anhöhe steht in der Mitte eines kleinen Platzes ein Steinkreuz mit der Jahreszahl 1483. Es ist somit älter und auch interessanter gestaltet als die Sühnekreuze, welche ich bislang auf dem Weg sah. Ein Relief zeigt einen Mann mit Lanze und einen, der auf einem Wildschwein sitzt. Eine Tafel gibt eine Erklärung dazu: *Zwei Männer sind auf der Wildschweinjagd. Einer wird vom Schwein unterlaufen und sitzt nun darauf. In dem Moment versucht der andere Mann, das Schwein mit seinem Spieß zu töten. Dabei verletzt er den Aufsitzenden tödlich.*

Gleich hinter dem Platz verläuft der Rennsteig, der hier eine steile Kurve macht. Bevor ich dort weiterlaufe, setze ich mich auf einen Baumstumpf und telefoniere nach Oberellen, erreiche dort aber betreffs Pilgerherberge niemand. Da im Pilgerführer auch die Telefonnummer vom Pfarrhaus Marksuhl steht, obwohl es ein ganzes Ende vom Jakobsweg entfernt ist, versuche ich es auch dort, wiederum erfolglos. Während ich etwas Nahrung zu mir nehme, radeln an mir mit ziemlichem Tempo vier Radfahrer vorbei.

Bevor ich ihnen folge, rufe ich nochmals in Oberellen und Marksuhl an, erneut ohne Erfolg. Damit ist die Vorentscheidung gefallen, dass ich heute bis Vacha durchziehe.

Steinkreuz Wilde Sau
am Rennsteig

Seit Erfurt bilden Lutherweg und Jakobsweg eine Einheit. Das Zeichen für den Lutherweg ist hier etwas bescheidener, es ist keine Metallplakette, sondern auf die Baumstämme gemalt. Vermutlich gibt es den Lutherweg hier schon länger. Vielleicht lief hier der Reformator während seines Aufenthalts auf der Wartburg tatsächlich. Irgendwann komme ich doch ins Grübeln, dass ich nur die Lutherweg- und nicht die Jakobsweg-Markierung sehe.

Als ich dann die Wegweisung *Eisenach 4 km* lese, während der *Vachaer Stein* in die andere Richtung ausgewiesen ist, weiß ich, dass ich die falsche Richtung eingeschlagen habe. Ich laufe aber nicht die drei Kilometer zurück, sondern suche einen breiteren Weg, der nach unten und hoffentlich nach Süden zu einer Straße führt. Nach weiteren zwei Kilometern sehe ich Fahrzeuge und Menschen, die sich an einem abgelassenen Fischteich schaffen. An einer Tafel ist leider keine Landkarte angebracht, sondern das Leben im Fischweiher erklärt. Das interessiert mich im Moment weniger, so dass ich weiter den Fahrweg bergab laufe.

Zu meiner Überraschung höre ich hinter mir ein Auto. Nach meinem Winken halten die beiden darin befindlichen Arbeiter tatsächlich an und nehmen mich mit. Ich sage, ich bin auf dem Jakobsweg unterwegs, möchte bis Vacha, doch der Fußweg bis dahin ist etwas weit. Da höre ich eine Frage, die eine gewisse Jakobsweg-Kenntnis verrät und mich etwas sprachlos werden lässt: *Was haben Sie denn verbrochen, dass Sie jetzt den Bußgang machen müssen?* Die Antwort bleibe ich schuldig, frage mich aber selbst, ob ich etwas verbrochen habe und ob das ein Bußgang ist. Wohl eher nicht und auch kein Bittgang. Am ehesten ist es ein Dankgang unter anderem dafür, dass ich wieder laufen kann. Da kommt eine zweite Frage hinterher, auf die ich ebenfalls keine Antwort weiß: *Zählt das denn, wenn Sie jetzt mit dem Auto fahren?* Wenn man in Spanien läuft, gibt es wohl die Vorschrift, dass man die letzten 100 Kilometer bis Santiago zu Fuß gehen soll. Für den Gang nach Vacha ist mir so etwas nicht bekannt. Mehr kniffelige Fragen können mir die beiden beschlagenen Männer nicht stellen, da wir inzwischen in Förtha sind, wo man mich an der Bundesstraße 84 absetzt. Hier bin ich vor drei Monaten gefahren, als ich meine Schwester in der Rhön besuchte. Jetzt muss ich laufen und hoffen, dass mich jemand mitnimmt. Bis Vacha sind es noch 24 Kilometer. Wenn ich schon nicht die letzten 100 Kilometer laufe, so möchte ich es wenigstens die letzten zehn. Die Straße führt zunächst nach Marksuhl, ist recht kurvenreich und geht bergan. Ich winke bei jedem Fahrzeug, aber niemand reagiert. Als ich die Höhe erreiche, sehe ich in der Ferne eine Halde vom Kalibergbau.

Nördlich von Marksuhl sieht man die Kalihalde westlich von Vacha.

Die befindet sich schon in Hessen etwas westlich von Vacha. Bis dort will ich heute noch kommen. Auch bergab hält kein Fahrzeug an, so dass ich bis Marksuhl schon wieder fünf Kilometer gelaufen bin. Das macht am Rande der Bundesstraße nur sehr bedingt Spaß. Es ist inzwischen 13 Uhr und ich verspüre Hunger. Ich freue mich, als ich etwas von einer Gaststätte und Pension lese. Die ist aber zu, da es noch nicht 17 Uhr und außerdem Ruhetag ist. Also doch keine weitere Übernachtung vor Vacha.

In Marksuhl merkt man, dass man sich an der Deutschen Fachwerkstraße befindet, hier gibt es einige recht attraktive Fachwerkbauten. Im Zentrum gibt es auch Bänke und eine Bushaltestelle, wo ich lese, dass der nächste Bus 13:50 Uhr fährt. So nehme ich erst einen Imbiss zu mir, stelle mich etwas hinter die Bushaltestelle und winke. Nach einer halben Stunde hält jemand, der aber bei der nächsten Gabelung anderswohin abbiegt. Kurz vor Busabfahrtstermin stelle ich mich direkt an die Bushaltestelle. Es kommt aber kein Bus, auch nicht bis 13:55 Uhr. Dafür hält auf mein Winken ein nobler silberner Mercedes. Ein Herr im besten Alter fragt mich, wo ich hin möchte, und bittet mich in das Auto. Er kommt von einer Autoreparatur bei einem Bekannten und will nach Hause nach Wünschensuhl, für mich macht er aber einen Umweg. In Wünschensuhl gibt es tatsächlich keine Pension oder Herberge, aber was nicht ist, kann ja werden. Das sagt ein Unternehmer, er hat ein Fuhrgeschäft mit zwölf Lastkraftwagen. Einen fährt er selbst. Heute Nacht geht es wieder von Bad Hersfeld nach Bremerhaven und nach dem Aus- und Umladen zurück. 13 Stunden ist er unterwegs. Urlaub macht er im September in den Alpen, da gibt es gute Hotels und viele Hütten. Mit dem Mann hätte ich mich noch lange unterhalten können, und er hätte mich am liebsten noch bis Vacha gefahren. Auf mein intensives Bitten hält er jedoch an einer Tankstelle bei Dorndorf an der Brücke über die Werra, wo ich aussteige. Ihm wünsche ich in besonderer Weise einen guten Weg.

Zu meinem Bedauern sind es von hier nur noch sechs Kilometer bis Vacha. Zum Glück ist die Straße hier keine Bundesstraße, die geht auf der anderen Werraseite entlang. An der Straße, die ich laufe, gibt es einen separaten Radweg oder es wird speziell auf die Radfahrer hingewiesen. Da fühle ich mich auch als Fußgänger sicherer. Schließlich sehe ich das Grenzstädtchen Vacha vor mir. An einer Straßengabelung liegt vor mir der Vachaer Ortsteil Altzella. Wenn ich dahin gehe, ist das garantiert ein Umweg. Also entschließe ich mich, nach links über die Werrabrücke zu laufen. Sie wird gerade saniert und ist für Fahrzeuge gesperrt. Obwohl die Bauarbeiter das gar nicht gern sehen und mir das auch sagen, gehe ich dennoch hinüber und lande auf einer Straße ohne Fußsteig oder Radweg. Hier verlaufen gleich zwei Bundesstraßen, die B 52 und die B 84. Entsprechend unangenehm ist das und entsprechend vorsichtig muss ich laufen, besonders den ersten Kilometer. Da links von der Straße etwas oberhalb ein Bahndamm ist, schaue ich nach, ob ich hier besser laufen kann. Auf den Gleisen nicht, und einen Weg daneben gibt es nicht. Somit verwerfe ich die Überlegung, ab Vacha noch ein paar Kilometer Richtung des Wohnorts meiner Schwester zurückzulaufen, wo ich übernachten will. Zum Glück beginnen Gewerbeeinrichtungen mit Parkplätzen davor, und schließlich gibt es einen richtigen Fußweg. Vor mir sehe ich mehrere Türme, auch einen Kirchturm. Das ist für mich im übertragenen Sinne die Jakobus-Kathedrale von Vacha. Das ist mein Ziel für heute und den ganzen Weg. Ich laufe bis zum Markt am schönen Fachwerk-Rathaus vorbei bis zur Kirche. An einem Eingang steht ein Hinweis, der vor herabfallendem Putz warnt. Der andere Eingang ist ebenfalls verschlossen, man kann lesen, dass am gestrigen Sonntag hier kein Gottesdienst war. In die Kirche komme ich also nicht hinein, einen letzten Stempel in meinen Pilgerführer bekomme ich hier auch nicht.

Auf der anderen Straßenseite sehe ich eine Werkstatt der Diakonie. Hier frage ich einen jungen Mann, der vermutlich in der Einrichtung beschäftigt ist, nach einem Chef. Der verweist auf Thomas, der bald wiederkommen wird. So gehe ich wieder über die Straße zu einer der Bänke vor der Kirche. Kaum bin ich dort, kommt ein Behindertentransporter, und Thomas steigt aus. Der sagt mir, er könne mir notfalls einen Stempel geben, da steht aber nicht Vacha darauf, sondern der Ortsname des Mutterhauses. Thomas verweist mich jedoch auf die Rhön-Buchhandlung in einer Querstraße hinter dem Markt, der Inhaber hilft mir sicher weiter. Also gehe ich in der prallen Sommersonne zurück und bin überrascht, als ich am Markt drei Gestalten sehe, die sich auf schattigen Bänken ausruhen. Die beiden jungen Männer haben, ebenso wie die Frau mittleren Alters, alle große Rucksäcke und reden offenbar über den Jakobsweg. Ich gehe zu ihnen und erfahre, die Jugendlichen warten darauf, abgeholt zu werden. Sie sind 20 Kilometer weiter westlich in Hessen zu Hause, in Leipzig losgelaufen und kommen heute aus Oberellen. Der Herbergsvater dort war angeblich erstaunt, dass sie sich nicht telefonisch angemeldet hatten,

Rathaus von Vacha, vor dem Brunnen eine Pilgerin aus Oslo

was aber gar nicht ging. Die blonde Frau kam eben von der Buchhandlung, wo sie sich ein Quartier vermitteln ließ, was aber schwierig war.

Sie kommt aus Oslo, ist der Sprache nach aber eine Deutsche. Auch sie lief in Leipzig los und übernachtete die letzte Nacht in Oberellen, wo sie sich ebenfalls nicht per Telefon anmelden konnte. Es gibt also auch in Norwegen Leute, die von Leipzig und dem Jakobsweg von dort nach Vacha wissen!

Vor der Buchhandlung sehe ich einen Biergarten, den ich nachher aufsuchen werde. Der Herr in der Buchhandlung ist sehr zuvorkommend. Er vermittelt auch Quartiere an Pilger, ist aber dankbar, dass ich keines brauche. Er gibt mir in bester Qualität einen Stempel und wundert sich, als ich sage, dass der Service am Jakobsweg überall so sein sollte wie hier.

Dann rufe ich bei meiner Schwester an, der ich bislang nichts von meiner Wanderung erzählt habe. Ich frage sie, ob sie für eine Nacht ein Quartier, möglichst mit Dusche, in Vacha oder Umgebung kennt. Nachdem sie die Frage eingeordnet hat, sagt sie erfreut Ja und fragt, wo sie mich abholen soll. Am besten gleich bei Buchhandlung und Biergarten!

Ich setze mich in den Biergarten nebenan und kann zwischen einem hellen Bier weit aus dem Westen Deutschlands und einem dunklen Klosterbier aus der Bayerischen Rhön wählen. Ich nehme das Klosterbier und betrachte zunächst meinen neuen Stempel. Darauf ist nicht die Stadtkirche, sondern die Klosterkirche abgebildet. Also ist diese wohl als Jakobus-Kathedrale von Vacha am Ende des Jakobswegs oder auch Jakobuswegs durch Thüringen anzusehen!

Danach überlege ich, wie weit ich heute gelaufen bin. Mit dem Herumziehen in Vacha dürften es etwa 26 Kilometer gewesen sein. 17 Kilometer bin ich in den beiden Autos gefahren, die hätte ich zu Fuß schwerlich geschafft.

Während ich überlege und mein Bier genieße, höre ich unweigerlich die Gespräche vom Nachbartisch mit. Wortführer ist ein Herr fortgeschrittenen Alters mit stattlicher Höhe und Breite und einer Blindenbinde. Er scheint der Ortschronist zu sein, denn er weiß ganz genau, wer in welchen Jahren Betreiber der Gaststätte war. Auch die Historie anderer Gebäude samt ihrer Eigentümer schildert er und hat dazu offenbar auch publiziert. Ich stelle beim Zuhören fest, dass ich Vacha bisher falsch ausgesprochen habe, nämlich wie Vase, wie Fach ist aber üblich. Als sich 1989 die Grenzen öffneten, fuhr der Herr nicht nach Italien oder Mallorca, sondern sah sich intensiv im nahen Hessen um. Schließlich gehörte Vacha früher zu Hessen und kam erst 1816 zum Großherzogtum Sachsen-Weimar-Eisenach. Ich nehme an, das geschah im Ergebnis der Neuordnung Europas nach der Völkerschlacht bei Leipzig und dem Wiener Kongress. Da gab es auf dem heute zu Thüringen gehörenden Gebiet viel Sachsen. Neben dem Großherzogtum Sachsen-Weimar-Eisenach gab es die Herzogtümer Sachsen-Coburg-Gotha, Sachsen-Altenburg und Sachsen-Meiningen. Daneben gab es weitere Kleinstaaten, Erfurt war preußisch. Das Königreich Sachsen gab es weiter östlich extra noch. Die Kleinstaaterei begann mit der Leipziger Teilung von 1485, als die Wettiner-Brüder Ernst und Albert Sachsen in ein Kurfürstentum und ein Herzogtum unterteilten. Im ernestinischen Teil wurde später weiter geteilt. Aber das ist Geschichte. Die letzten Tage bin ich nur durch die beiden Bundesländer Sachsen-Anhalt und Thüringen gelaufen, fünf Jahre zuvor lief ich durch Sachsen.

Nachdem ich mein Bier ausgetrunken habe, zahle ich, da meine Abholer bald hier sein dürften. Ich gehe zur Buchhandlung und warte dort. Da kommt das Auto, zudem kommt der Buchhändler heraus und fragt mich, ob ich

Der Buchhändler in Vacha ist kompetenter Partner der Wanderer.

die Sonnenbrille vergaß. Es ist der Fall, ich danke und bin erneut von der Hilfsbereitschaft und Aufmerksamkeit des Mannes beeindruckt. Inzwischen hat meine Schwester ein Foto gemacht und begrüßt den Mann, bei dem sie Kundin ist. Nachdem ich auch meinen Neffen im Auto begrüßt habe und wir alle drei im Auto sitzen, fahren wir zu der berühmten Werra-Brücke, bis 1989 Grenzbrücke zwischen BRD und DDR. Die möchte ich doch ganz gern sehen. Dann geht es weiter nach Hause. Hier begrüßt mich zuerst der Hund, dann kommen die anderen Verwandten dran. Nach dem herzlichen Empfang gehe ich nicht unter die Dusche, da es hier eine Badewanne gibt. Danach wird noch fleißig erzählt und gefeiert.

Am Folgetag fährt man mich gegen 11 Uhr mit dem Auto nach Eisenach. Ab dort fahre ich mit dem Zug und bin zirka 14 Uhr in Leipzig. Der Rückweg dauert also nur drei Stunden, während ich hinzu auf dem Jakobsweg von Merseburg bis Vacha sieben Tage unterwegs war. Geplant waren zwei Wochen.

SINNAN

Meinem Pilgerführer ist zu entnehmen, dass Hermann Künig von Vach, ein Mönch aus Vacha, 1495 *Eyn kleynes buchelyn* veröffentlicht hat, den ersten deutschsprachigen Pilgerführer nach Santiago de Compostela. Der erste von vielen, die folgten. Ich schreibe einen Reisebericht über den Jakobsweg Via Regia von Görlitz über Leipzig und Erfurt nach Vacha auf, um mich des Erlebten zu besinnen. Vielleicht interessiert sich aber auch der eine oder die andere dafür. Wenn das für sie gar Anreiz gäbe, den Weg selbst zu gehen, wäre das umso besser.

In meinem Pilgerführer steht gedruckt: sinnan althochdeutsch = reisen, streben, wandern. Dieses Motto kann wohl jeder für eine Wanderung auf dem Jakobsweg akzeptieren, egal ob Christ, Andersgläubiger oder Ungläubiger. Man kann den Weg freilich auch als Buße für ein Verbrechen ansehen, wie die Waldarbeiter im Thüringer Wald sagten, oder als etwas völlig anderes. Jeder geht seinen eigenen Jakobsweg und hat seine eigenen Gedanken, wenn er oder sie unterwegs ist, selbst wenn man zu zweit oder zu dritt läuft. Für mich

Steinbank an der Werra bei Vacha – ein Ort zum Meditieren

war der Weg sinngebend, sinnvoll, voller Sinn. Und tatsächlich geht das Wort Sinn wohl auf das althochdeutsche *sin* zurück. Wandern und Sinn scheinen zumindest vom Wortursprung miteinander verwandt zu sein, wahrscheinlich nicht nur diesbezüglich. Man kann sich beim Wandern beschenkt und reich fühlen. Der Text eines Wanderliedes sagt es so: *Als ich einmal reiste in das Sachsen-Weimarland, da war ich der Reichste, das ist der Welt bekannt.*

Wer also reich werden möchte, sollte den durch das Sachsen-Weimarland, den durch Sachsen-Anhalt und Thüringen führenden Jakobsweg Via Regia einmal bereisen. Vielleicht gibt es ja eine ähnliche Entwicklung wie auf dem spanischen Jakobsweg. In Santiago de Compostela wurden 1975 74 Pilgerurkunden ausgestellt, 1995 waren es fast 20 000 und 2013 über 215 000, nahezu 600 pro Tag.

Wenn beispielsweise am Jakobsweg Via Regia jeden Tag 100 Menschen gingen, dann wären Wiesenpfade als Wege begehbar, es gäbe kaum zugewachsene Wegmarkierungen, es lohnten sich wahrscheinlich wieder Läden und Gaststätten im ländlichen Raum. Es würde die Gesundheit der Wanderer gefördert und, da in einem gesunden Körper ein gesunder Geist wohnen soll, auch der Geist. Die Zahl der Depressionen würde nicht steigen, sondern abnehmen.

Es würde die Wanderer bereichern und gewiss auch die Wirtschaft entlang des Jakobswegs ankurbeln. Es gäbe vermutlich auch einen besseren Service bei den Pilgerherbergen. Man könnte meditieren, mal seine Seele baumeln und seiner Fantasie freien Lauf lassen, sich Inspirationen holen. Man könnte die Schwierigkeiten des Alltags zumindest für einige Tage vergessen. Wer mehr Zeit hat und gesundheitlich gut drauf ist, kann dann ab Vacha rund 45 Kilometer nach Fulda und von dort auf einem anderen Jakobsweg weiterlaufen.

Bis nach Santiago de Compostela sind es nur noch rund 3000 Kilometer zu Fuß. Wem das noch nicht reicht, der kann die runden 70 Kilometer zulegen bis zum Kap Finesterre, bis zum Kap am Ende der (alten) Welt.

Allen einen guten Weg oder spanisch *buen camino!*

Wegweiser am Jakobsweg in Erfurt

Impressum

Herausgeber: Pro Leipzig e. V.
Bildnachweis:
Jwaller: 39; Harald Kirschner: 8, 10; Maria Krause: 123;
Thomas Nabert: 88; Hans Peter Schäfer: 13;
alle weiteren Abbildungen: Josef Fischer
Gestaltung: Dr. Thomas Nabert
ISBN: 978-3-949586-00-2